教育部人文社会科学研究

品设计中的'活态传承'研究"（20YJA760012）成果

设计中
节气文化的活态传承

范　伟　彭曲云　著

湖南师范大学出版社
·长沙·

图书在版编目（CIP）数据

设计中节气文化的活态传承/范伟，彭曲云著. 一长沙：湖南师范大学出版社，
2021.12

ISBN 978-7-5648-4465-3

Ⅰ．①设… Ⅱ．①范… ②彭… Ⅲ．①二十四节气－应用－文化产品－产品设
计－研究－中国 Ⅳ．①G124

中国版本图书馆CIP数据核字（2022）第003629号

SHEJI ZHONG JIEQI WENHUA DE HUOTAI CHUANCHENG

设计中节气文化的活态传承

范伟　彭曲云　著

出 版 人｜吴真文
责任编辑｜周基东　吕超颖
责任校对｜李　航
出版发行｜湖南师范大学出版社
　　　　　地址：长沙市岳麓区麓山路36号　邮编：410081
　　　　　电话：0731—88873071　88873070
　　　　　传真：0731—88872636
　　　　　网址：www.hunnu.edu.cn/press
经　　销｜湖南省新华书店
印　　刷｜长沙印通印刷有限公司

开　　本｜710 mm×1000 mm　1/16
印　　张｜13
字　　数｜254千字
版　　次｜2023年11月第1版
版　　次｜2023年11月第1次印刷
书　　号｜ISBN 978-7-5648-4465-3
定　　价｜50.00元

著作权所有，请勿擅用本书制作各类出版物，违者必究。

序言

节气"活态传承"研究以一种积极"应世"和"入世"的姿态，在核心内涵不发生变异的前提下，探寻"节气文化"融入生活产品中继续生存与发展的契合点，实现传承内容、传承路径、传承形式的创新，从而使文化保持"活态"、产品推动"活化"、传统展现"活力"。其认知范畴涉及环境、语言、器物、行为方式、社会意识、民族文化价值观等多个方面。具体内容是：依据现代设计观念，探究基于二十四节气传承的文化创意产品开发在上述认知范畴上的内在逻辑，并明确其在形式层面、行为层面和观念层面等不同维度上的性能和特征。

本研究的基本思路是通过规范研究和实证研究，借助民俗学、设计学、文化学和感性工学理论的综合分析，构建基于节气文化"活态传承"的文化创意产品设计开发框架体系，探索当代设计语境下二十四节气融入文创产品的时代内涵与现实路径，从而挖掘优秀 IP 的文化价值与精神内涵，使其有机结合，相互赋能。

二十四节气在各地民众因地制宜、因俗制宜的创造性利用中，呈现出多样的物质文化和精神文化内容。从"二十四节气"的文化发展角度出发，对照古人传统造物思想，结合当代人的审美意趣，在文化认同中用设计守护民族情感，归纳出中国时空下精神生活的本质特点。文创产品设计是将民俗对象或行为的文化因子不断符号化、意义化的过程，不应僵化传承。其应找到节气文化传承的自身发展规律，避免庸俗化、空洞化、同质化，让"千年智慧照耀现代生活"，并成为民众共享的发展成果。

二十四节气文化的"活态传承"，不同于某些可操练的具体技艺，或有特定的传承人，它是一种传统的时间经验框架形式。农耕社会丰富的地方性知识，各种歌谣、谚语、传说构成其具体的内容，反映在传统生产工具、生活器具、工艺品、书画作品等有形物质中，并与节日文化、生产仪式和民间风俗等紧密相连。通过现代文创产品设计，拓展多渠道的物质与精神消费来延续文化本体的生命状态，使农耕时代的文明成果能够在工业时代找到生存空间。

　　本研究的价值体现在学术意义和现实意义两个方面。学术意义是：基于"节气文化"多样的形成环境与文化生态，研究文创产品的当代设计价值取向，将独特文化内涵与相应产品的理念风格、造型结构、材料装饰等方面的设计要素相结合，创造性地把"非遗"融入物质与精神生活中，为中国传统时空观，及人与自然和谐的造物文化理念在当代多元共生文化语境下的创新发展和有效输出提供理论支撑。现实意义是：发掘"二十四节气"应用于文化生活的现代价值，建立"节气文化意象符号与设计要素样本数据库"，构建基于"节气文化"语境的传承创新模式，能够为基于中国"节气文化"意象元素的文化创意产品设计提供基础数据和创新技术支持，为产业特色化发展提供参考的同时，使"非遗"在"再创造"中获得可持续发展。

　　综上所述，本研究以"节气文化"借助文创产品设计的"活态传承"为研究对象，发掘中国二十四节气的文化精髓内核以及传统造物思维特点，提取节气非遗中的意象特征元素与符号，从而开发基于节气文化意象的文创产品，提升"新文创"的附加值。

目

录

上篇

节气文化活态传承的理论视角

第一章 节气文化活态传承的形成机制研究

在浩瀚的中国诗词长河中，有关农业的诗句占有很大的比重，例如："春种一粒粟，秋收万颗子。""一畦春韭绿，十里稻花香。""稻花香里说丰年，听取蛙声一片。"这体现了农业是古代中国的立国之本，是生活和生产的保障。基于农耕文明的二十四节气文化历经几千年不断发展丰富，顺应自然规律，指导农事活动。它的产生与自然环境和气候等因素密切相关，也是农耕文明的必然产物与劳动人民的智慧结晶。

2016年，二十四节气被联合国教科文组织收录进人类非物质文化遗产名录，这反映了二十四节气在中国传统文化中的重要地位。二十四节气文化记录着古代中国的人类社会生产生活方式、风俗人情、文化理念，蕴藏着中国各民族的文化基因，是全人类共同的宝贵财富。

节气文化在当代生活中仍然具有重要的积极意义。首先，节气文化作为一套完整的自然规律总结，它与我国传统节日一起影响着人们的各类活动；其次，可从节气文化中发掘出普适性的造物思维规律应用于当代，从而进一步增强中华民族的认同感和文化自信；最后，借助设计创新使节气文化应用于日常生活，弘扬环境友好的设计取向将更有利于社会有序、和谐地发展，可持续地推动社会进步。当然,节气文化也为当今艺术设计提供了大量的素材和灵感来源,以及典型时空视角下的思维范式。它除了有值得传承的时间划分方法,还有体现古人智慧的人文思想与生态生活方式。传承节气文化中的人文思想和生活方式,是中国当代学者在文化自信的新时代下所肩负的重大任务。

本章通过"形成机制"角度探究节气文化的源头,找出其构成要素,为活态传承奠定理论基石。"机制"一词源于希腊,原指机器的整体构造和工作运行原理。而今这一概念已广泛地应用于各种自然现象和社会现象中,泛指事物的内部组织和运行变化的规律。

围绕节气文化活态传承的形成机制,可从以下三个方面梳理其成因。

其一,二十四节气文化牢牢根植于农耕经济的现实土壤而产生。在人们对农作物丰收的期望,以及改善经济生活的需求中,二十四节气各项传统民俗活动的体系建立与经济因素和农耕文化有着千丝万缕的联系。

其二,二十四节气文化的传承依赖于文化的历史流变与人们的社会记忆。二十四节气存在于诸多流传至今的习俗活动及人们口口相传的诗词谚语中,体现出顺应自然的自然观和农耕文化的生态智慧。

其三,二十四节气文化也是一条维系数千年来中国人情感的精神纽带。节气文化能够流传至今并且成功跻身非遗行列,背后折射的是中国劳动人民对于中国土地的深厚情感和对大自然的热爱。

本章基于节气传习基地、文献史料、图片与实物资料等信息,分析节气文化发展的社会背景,从经济、文化、情感三个方面解析现实土壤、历史流变与社会记忆、精神纽带等,试图发掘节气文化在设计层面的内在逻辑与核心价值,并以文创产品设计作为载体,弘扬优秀中华传统文化,建设民族精神家园。

第一节 二十四节气文化溯源

一、源远流长——二十四节气的产生

二十四节气是把一年划分为二十四个节令的时间划分方法，它起源于黄河流域，是干支历中表示自然节律变化以及确立"十二月建"（又称月令）的特定节令。

干支历是一种用 60 组天干地支标记年月日时的古老历法，十大天干和十二地支依次相配，组成 60 个单位，而后它们又形成六十循环的纪元法。组成干支历的基本内容就是二十四节气与十二月建，十二月建是依据二十四节气划分而来的十二个节气月。

"冬至"是用圭表测影法这种延续了 3000 多年的古老方法确立的，也是二十四节气当中最早被周公测定出来的一个。

二十四节气原依据斗转星移制定。目前最早记录星象、物候变化与一年的时间变化相关联的书是全文仅 400 余字的《夏小正》。书中依据天空星象的位置，依次记载了每月的天象、民事、农事、气象等方面的内容和相对应的物候变化。《夏小正》所记载的内容是后来形成二十四节气的基础，也是在气象物候观测上的里程碑。

据春秋时期《尚书·尧典》记载，制历是尧三大重要社会贡献（制历、选贤、命官）之首。陶寺观日、云丘观星、历山物候，俨然成为了尧舜禹时期古代历法的三驾马车。晋南地区陶寺遗址是古尧都，也是最古老中国的国都，考古学家在那里发现了古观象台——先贤们观测日月、探索节气、发布历法和祭天的重要场所。陶寺的历法由太阳历、太阴历和阴阳合历三种历法构成。古人对时令、农时和宗教等关键节点以"二十节令"的形式进行探索，形成了缜密的历法体系和天文学知识体系。陶寺节令经过继承、益损、变化，到秦汉时期形成二十四节气。有专家学者认为，陶寺节令是二十四节气的主要源头。相传羲和在古称昆仑的云丘山订立了二十四节气。云丘山观星与陶寺观测相结合，进一

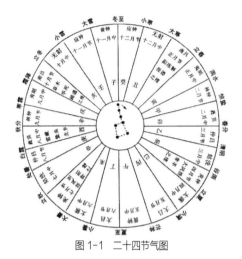

图 1-1　二十四节气图

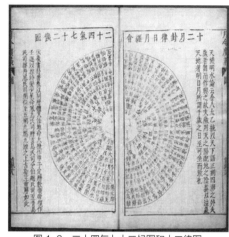

图 1-2　二十四气七十二候图和十二律图

步步夯实了古代"阴阳合历"的历法成就。

据文献记载，我国中原地区在商时就已出现了四个节气名称，即仲春、仲夏、仲秋和仲冬，周时期出现了八个，至秦汉年间完全确立。二十四节气的名称首见于西汉刘安的《淮南子·天文训》，并制有节气图（图 1-1）。公元前 104 年，由邓平等制定的《太初历》把二十四节气正式定于历法。

《淮南子·天文训》从道家对天地相互关系的看法出发，论述了风雨、雷雾、霜雪等常见天气现象形成的原因，并且根据这些基本要素来观察一年中各个季节中自然物体变化，即"物候"变化，还翔实地绘制了二十四气七十二候图和十二律图（图 1-2）。

《淮南子·时则训》根据北斗星的指向，记述了每个月的物候特征。书中所论的十二律、十天干等内容与《礼记·月令》《吕氏春秋》的内容大体相同，可以看作是对之前所有记录节气、物候的书籍的归纳总结，同时也是节气物候文化完全成熟的标志。

现在的二十四节气划分方法是根据太阳在回归黄道上的位置来制定的。将一个 360° 圆周的"黄道"，划分为 24 等份，每 15° 为一份，这个度数被称为"黄经"。这是依据太阳黄经度数来划分时间的方法，自 1645 年起沿用至今。节气的计时与今天的公历计时大致重合，偏差不超过 1～2 天，而与《时宪历》之后沿用至今的农历几乎不重合。（图 1-3）这是因为公历属于太阳历，而农历属于阴阳合历，这是两种完全不同的计时方法。春节和立春看似很接近，实际上完全不同，春节是农历的节日，属于阴阳合历；而立春是节气，按太阳历，即阳历。对于民众社会来说二十四节气是民俗的一种，是沟通情感的纽带，是彼此认同的标志，这种传统文化是民族发展的命脉，需要通过代代传续来完成。

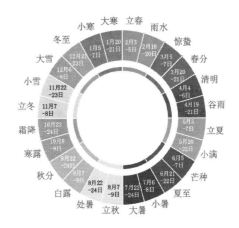

图 1-3 二十四节气的时间表

二、严谨有序——二十四节气的划分特征

立春，二十四节气之首，它意味着春天的到来。此时太阳到达黄经 315°。立春与立夏、立秋、立冬一样，作为四季的节点节气，反映着四季规律的更替。立春有许多民俗活动，如迎春、打春牛、立春祭等。

雨水，不仅如字面意思，意味着雨量增多，而且表征气温即将回暖。此时太阳到达黄经 330°。雨水前，天气相对较寒冷；而雨水后，春风送暖。

惊蛰，二月初，春雷滚滚，惊动所有冬眠蛰伏中的蛇虫鼠蚁。因此，古时人们在这天用艾草熏家中四角，以香味驱赶霉味，用烟熏走蛇虫鼠蚁等动物。

春分，一年中只有这天和秋分一样，白昼黑夜平分为各 12 小时。俗话说"春分秋分，昼夜平分"，所以春分又称"日中""日夜分"。自这时起开始扫墓祭祖，也叫春祭。

清明，太阳到达黄经 15°。此时，百草丛生，人们通过扫墓追祀祖先（图 1-4）。清明也处于踏青的季节，因此许多丰富多彩的传统文体活动也在清明前后展开，如放风筝、打马球等。

谷雨，有"雨水生百谷"之意，此时太阳到达黄经 30°。牡丹花在谷雨前后开花，因此它又被称为"谷雨花"，并且有"谷雨三朝看牡丹"之谚。江南地区在谷雨时期举行"花会"，此时士女游观，宴饮赏花。

图1-4　清明祭祀　　　　　　　　　　　　　　图1-5　小满期间雨水增多

立夏，代表着夏天的到来，也是干支历巳月的起始，此时太阳到达黄经45°。一说立夏的"夏"实际为"大"之意，意为春天的植物到这时已经长大了。

小满，物至于此，小得盈满：麦类等作物籽粒开始饱满，但又尚未成熟，故称小满。太阳到达黄经60°。小满到来，炎夏登场，气温明显增高，雨量增多；下雨后，气温又会急剧下降。华南地区有谚语"小满大满江河满"。（图1-5）

芒种，又名"忙种"，意为"有芒之谷类作物已可播种"。此时太阳到达黄经75°，这个时节气温显著升高、雨量充沛、空气湿度大，适宜晚稻等谷类作物种植。农事耕种以芒种为界，此后种植成活率越来越低，因而此时应及时播种。

夏至，是日照角度最高，白昼最长的日子，但并不是一年中天气最热的时候，此时太阳到达黄经90°。夏至也是收麦子的时节，自古以来人们就有庆祝丰收、祭祀祖先的风俗。

小暑，小暑意为天气开始炎热，有谚语"小暑大暑，上蒸下煮"。此时太阳到达黄经105°。

大暑，一年中最热的节气，此时太阳到达黄经120°。

立秋，是秋季的第一个节气，是一年中由阳盛逐渐转变为阴盛的节点，也意味着降水、湿度等处于一年中的转折点。此时太阳到达黄经135°。

白露，气温开始下降，天气转凉。阴气逐渐加重，清晨的露水日益加厚，凝结成一层白白的水滴，得名白露。

处暑，表示暑天结束了，此时正处在由热转凉的交替时期，太阳到达黄经165°。

秋分，太阳到达黄经180°。南方由这一节气起才始入秋。秋季从"立秋"开始，到"霜降"终止，而"秋分"正好是在两者之间一半的位置。

寒露，我国大部分地区均已进入秋季，北方地区进入冬季。东北和新疆北部地区或已开始降雪。

霜降，是秋季的最后一个节气，代表秋季即将结束。此时天气渐冷、开始降霜，养生保健显得尤为重要，因此民间有谚语："一年补透透，不如补霜降。"

立冬，表示冬季开始，到了万物收藏，归避寒冷的时节。此时太阳到达黄经225°。在民间有祭祖、饮宴、卜岁等习俗，祈求上天赐给来岁的丰年，农民自己亦获得饮酒与休息的时间。

小雪，是反映天气现象的节令，表示这一时期降雪的起始时间和雪量程度，此时一般雪小，且地面上无积雪。此时太阳到达黄经240°。小雪后气温往往开始急剧下降，天气也渐渐变得干燥。

大雪，表示该时期降雪的起始时间和雪量程度，是直接反映降水的节气名称。此时太阳到达黄经255°。

冬至，在北方被当作一个较大的节日，有"冬至大如年"的说法。此时太阳到达黄经270°。此外冬至还有祭天祭祖的习俗。

小寒，意思是天气已经很冷。从字面上看似乎是大寒冷于小寒，其实在气象记录中，小寒要比大寒冷，人们常说"冷在三九，热在三伏"，而"三九"就在小寒的节气内，小寒才是全年最冷的节气，有"小寒大寒，冷成冰团"之说。

大寒，表示天气严寒，最寒冷的时期到来。有时甚至连春节也处于这一节气中，因此人们开始忙着除旧布新，准备年货。

三、薪火相传——节气文化的多样传承

活态传承是指在非物质文化遗产生成与发展的环境当中进行保护和传承，在人民群众生产生活过程当中进行传承与发展的传承方式。活态传承能达到非物质文化遗产保护的终极目的，这也是节气文化多样传承的重要方式。

二十四节气在历史流变的传承下，不断渗透到社会记忆的形成过程中，成为每个中国人家国情怀的情感纽带与精神皈依。

（一）活态传承的历史流变与社会记忆

1. 传承历程的多样记录

（1）通俗的谚语

节气文化总是采用一定的形式来流传，其中谚语就是广大人民最熟悉、最通俗的传播方式。谚语是指广泛流传于民间的言简意赅的短语，它们多为口语形式流传下来的、通俗易懂的短句或韵语，往往押韵并且十分实用，易于传播。

表 1-1　节气中的谚语

节气	谚语
立春	立春一日，百草回芽。
清明	清明前后，种瓜点豆。
	清明晴，六畜兴；清明雨，损百果。
立春、惊蛰	雷打立春节，惊蛰雨不歇；雷打惊蛰后，低地好种豆。
小暑	小暑热得透，大暑凉飕飕。
立冬	立冬无雨一冬晴。
霜降	霜降不摘棉，霜打莫怨天。
雨水	雨水有雨百日阴。
雨水，惊蛰	暖雨水，冷惊蛰。

多数谚语是经过人们一代代口口相传而存续下来的，它们直接反映了劳动人民的生活实践经验，体现了劳动人民的智慧和对生活的热爱。除了民谚以外，文字传播形式还有民谣与诗词等，其具体形式在不同地区有不同的特点。

（2）动人的故事传说

故事传说是最有趣味的传播形式之一，也是令人记忆最深刻的表达方式。故事传说给节气文化加入丰富的神话想象和神秘色彩，使文化的生命得以延续。在这些故事传说中，有大量的题材可以提取并进行二次创作。故事的内容可以按题材分为神佛神话、创世神话、英雄神话和故事传说。在设计时可以从故事中探究当时人民崇拜天地的意识与对待事物的观念，从而提取图腾、人与物等元素进行艺术创作。

表1-2　与节气有关的故事

节气	故事内容	分类
惊蛰	雷公用锥锤打出隆隆的雷声	神佛神话
谷雨	天降谷雨	创世神话
大雪	寒号鸟的故事	故事传说

相传作为惊蛰的节气神雷公（图1-6），是一只拿着铁锥锤的大鸟，春天它会拿着铁锥锤打出轰隆隆的雷声，这时人们就知道春天已经来了。这个故事带有浓厚的神话色彩，反映了当时的人民对于天的敬畏，对自然的崇拜。

而在仓颉造字的故事中，由于创造文字代表着人类文明的开端，是一件惊天动地的大事，上天于是下了一场谷粒雨作为恩赐。后人以此将天降谷雨的这天作为纪念仓颉的日子，称之为"谷雨"。

围绕大雪，人们创造了寒号鸟的故事。因没有翅膀，寒号鸟不会飞。秋天，别的鸟都在筑巢或迁徙，它还在炫耀身上的漂亮羽毛。到了入冬的夜晚，天气十分寒冷，它冻得直打哆嗦，信誓旦旦地喊着"明天就修窝"。而暖和的太阳一出来，它又忘记了自己的誓言。就这样日复一日，它一直没有修窝，最终冻死在了寒冷的大雪节气里。

这些动人的故事让人们保持着对节气的记忆，并方便代代相传，让节气文化获得有效传播。

图1-6　明代"雷公"木雕

（3）直观的图像形式

节气图像可分为记录图像和设计图像。

记录图像内容主要有自然气候与民俗活动。它们多以摄影方式对节气文化真实记录，反映了节气文化的直接来源和直观的民间习俗呈现方式。

设计图像是直接采用二十四节气文化中的元素进行设计创作，这类图像形式具有良好的传播价值，

图 1-7　剪纸《打春牛》

图 1-8　纪录片《四季中国》

并且对宣传和弘扬二十四节气传统有着良好效果。过去的年画中包含节气文化内容，也属于图像形式的历史记忆。再如民间剪纸《打春牛》（图 1-7），意在唤醒冬闲的耕牛，以备春耕，并寄托着对丰收的期盼。这种具有欢快、吉祥特征的图像形式反映了节气文化对民间艺术设计的影响。

（4）扣人心弦的视频

视频是 20 世纪以来的新型传播形式，其传播度及视觉效果优于文本、故事、图像三类传承形式。视频也可分为记录视频和设计视频。

记录视频指的是用视频手段记录节气文化相关活动与知识，纪录片的忠实客观记录，是学术研究的重要参考来源。如让观众切身体验二十四节气的电视纪录片《四季中国》（图 1-8）。而设计视频往往不像记录视频那样客观真实，而是经过元素提取和美化的二次创作。这种设计的艺术性表达，有利于创造附加价值，使得文化的传播与商业价值有机结合。

2. 振古如兹的社会记忆

（1）世代回味——二十四节气习俗活动

现代生活下，习俗的存在感大大减弱，因此围绕节气文化的传承，非遗保护中心在全国典型节气习俗的优秀传承地点成立了二十四节气传习基地，指定了非遗传承人。现存的重要的节气传承地址有：浙江遂昌（班春劝农）、中原地区（打春牛）、潮汕地区（抬春色）、浙江衢州（立春祭）、贵州石阡（石阡说春）、湖南湘西州（苗族赶秋）等。表 1-3 的这些节气传承活动的形式丰富多彩，包括但不限于宣传仪式、表演仪式和祭祀仪式等，围绕着劝农事、节日气氛和祭祀祖先等中心内容而展开，一般来说都是三者相结合，这样节气传承活动就有足够的动力代代传续。由于文化的传续需要可行性、动力和压力才能有效持续下去，节气文化作为一种传承了千百年的文化同样需要具备上述条件。节日气氛作为动力起头牵引人们自发举办相关活动，而祭祀和劝农事等作为压力则在后面督促人们不得不将习俗延续下去。（图1-9～图1-12）

表1-3　节气传习基地的传承活动

地区	节气传承活动	活动形式
浙江遂昌	班春劝农	宣传仪式
潮汕、四川地区	打春牛	表演仪式
潮汕地区	抬春色	表演仪式
衢州	立春祭	祭祀仪式
贵州石阡	石阡说春	宣传仪式
湖南湘西州	苗族赶秋	表演仪式

图1-9　班春劝农的节气活动场景一

图1-10　班春劝农的节气活动场景二

图1-11　苗族赶秋

图1-12　秋老人

除此之外，全国各地还用现代形式进行了一些节气宣传活动。各地的博物馆、非遗保护中心等相关机构建立节气传习基地，在实践活动中保护节气文化的传续；而以中国农业博物馆和中国民俗学会为代表的社团群体，则负责保护相关文献和宣传工作。以上这些机构的举措不仅保护并促进了各类节气习俗活动的展开，更有效传续了节气文化。

九华立春祭是浙江省衢州市柯城区九华乡地区的传统农时节令习俗，是当地村民为了迎接春神句芒以祈祷农事耕种丰收而举行的迎春祭祀活动。九华地区的立春祭祀仪式对于传统立春习俗保留得较为完好，如祭春迎春仪式、少男少女装扮迎春使者、鞭春牛、演戏酬神等。立春祭祀活动在浙江衢州地区已有两千年的历史了，而柯城区九华乡妙源村的九华立春祭更是全国现存唯一的立春祭春仪式。其祭祀仪式主要的场所——梧桐祖殿也是国内仅存的一所春神殿。

如内蒙古敕勒林海农牧业园区挂牌后成为"百人百组中国传统二十四节气"传习基地，不仅展开了传习活动，同时也拓展非遗项目展示场所，将更多的传统文化、民俗文化与观光旅游项目结合，有效推动非遗项目传承发展。

（2）香韵悠长——二十四节气食俗

节气文化中有独特而又丰富的食俗，利用食物相关的元素进行设计，展开"活态"传播，简明亲切，贴近生活。有关二十四节气的主要食俗如下：

惊蛰，民间素有吃梨的习俗。

春分，有"春分吃春菜"的习惯。岭南常见的春菜有鱼腥草、菠菜、芹菜、马齿苋等，新鲜的春菜具有降火、益脾、清肠、通便等多种功效。

清明，民间素有食用青团、馓子、螺蛳、薄饼、芥菜、清明茶等食品的习俗。其中，青团在南方又叫清明果（图1-13）。清明节南北方都有吃"馓子"这种香脆油炸食品的习俗。巴蜀一带是吃"欢喜团"，南方水乡是吃螺蛳。在闽南多数地方，一家人在清明节扫墓后要聚在一起包薄饼吃；闽东则有吃芥菜的食俗。

谷雨，南方有摘茶习俗。谷雨当天摘的茶称"谷雨茶"，据说有清火、明目、辟邪等多重功效。它和"清明茶"一样，属于"春茶"的一种。

立夏，乡间用赤豆、黄豆、黑豆、青豆、绿豆五色豆混合白粳米，煮成五颜六色的"五色饭"，称吃"立夏饭"。此外，人们还用红茶或胡桃壳把鸡蛋煮成微红色，称"立夏蛋"，据说可以降火。立夏还有拄立夏蛋的活动，即碰蛋，拄蛋以蛋壳坚而不碎为赢。

图1-13　清明果

小满，人们多食用苦菜、苦瓜、枸杞苗、蒲公英、莴笋等，具有降火的功效。

芒种，从夏朝就有了芒种煮梅的食俗。具体做法是将我国北方产的乌梅与甘草、山楂、冰糖一同煮，制成酸梅汤，酸甜开胃。

夏至，据说只要在这天吃了狗肉，就能身强体壮，百病不侵。

小暑，过去民间小暑过后有"食新"习俗，即尝新米。

大暑，冬补三九，夏补三伏。

立秋，秋风一起，人们常常胃口大开，北方谓之"贴秋膘"，此时吃肉"以肉贴膘"，冬天多囤膘有利于增加体温，以温暖度过冬天。

处暑，宜食用鸭肉、龙眼、白丸子、酸梅汤等。

白露，有饮"白露茶"的习俗。

秋分，我国很多地区都有举行"竖蛋"的民俗，"竖蛋"也称"立蛋"。

寒露，多吃花糕。寒露和重阳节间隔很近，故寒露节糕点也叫"重阳花糕"。又因"高"与"糕"谐音，寓意"步步高升"。

霜降，古人一般在霜降时节，吃羊肉和兔肉进行秋补。

立冬，民间有立冬补冬的习俗。

小雪，农家开始自制香肠、腊肉。在南方，还有吃糍粑的习俗，有俗语"十月朝，糍粑禄禄烧"。

大雪，吃发热性的火锅，如羊肉火锅等。

冬至，北方习惯宰羊，吃饺子、馄饨；南方则吃冬至米团、长线面。

小寒，一些地方习惯吃糯米，或用菜与糯米一起煮着吃。广州的传统习俗是早上吃糯米饭。

大寒，由于临近春节，人们便开始忙着腌制年肴，准备年货了。在这时的"打牙祭"活动，原本是祭祀土地公公的仪式，有着丰富菜肴。

一般来说，节气食俗在人们看来，都是具有特定"功效"的。只要在各个节气食用当地、当季食材做成的食物，就比平时更为吉祥、健康。各种各样食俗的背后展现了人们对健康、平安、幸福的美好期盼。从风俗习惯入手，挖掘传统节气食俗对人们生活的影响，可为设计者打开创新窗口。

表1-4　不同时节下的食俗

节气名称	食俗	食物种类
惊蛰	梨	果蔬
春分	春菜	主食
清明	青团、馓子、欢喜团、薄饼	副食
	螺蛳、芥菜	主食
谷雨	摘茶	饮料
立夏	立夏饭、立夏蛋	主食
小满	苦菜、苦瓜、枸杞苗、蒲公英、莴笋	主食
芒种	煮梅	饮料
夏至	狗肉	主食
小暑	食新	主食
立秋	贴秋膘	主食
处暑	鸭肉、龙眼、白丸子、酸梅汤	主食
白露	白露茶	饮料
寒露	花糕	副食
霜降	羊肉、兔肉	主食
冬至	饺子、馄饨	主食

（二）活态传承的情感纽带与精神皈依

1. 情感纽带延续的可能性

二十四节气的出现，是基于我国农耕文化的深厚底蕴，也是劳动人民的智慧结晶。中国人民依靠二十四节气的规律世世代代地生活、生生不息地繁衍发展，从生活中挖掘规律、完善规律，指导农耕活动，用二十四节气把控时间，用农耕和劳动的形式改变空间。这就是朝耕暮耘的中国人最初把控时空的方式，也是他们生活得以寄托的情感纽带，这种纽带联系在新的时代背景下也将继续延续下去。

一方面，文化自信成为延续的内在动力，节气文化活动体现了劳动人民对于土地的依恋，也帮助人们亲近自然。古人以质朴、直观的视角，观察人与自然及人与社会的关系，并总结出相应的规律，指导农事活动。其从实践中发现规律，又以规律指导实践，千秋万代，乐此不疲。

节气文化作为古代时空记法的理性变革，反映了古中国人的哲学与世界观。这些独特文化正是文化自信产生的底蕴，能推动民众自觉维护民族传统，在延续中创新发扬。

另一方面，经济的发展推动了文化的发展，二十四节气的出现与农耕社会背后深厚的经济因素是无法分离的。它源于经济，根植于文化，如今又可以通过设计手段，回到经济中去。优秀的设计可创造出巨大的经济价值，节气这种具有深厚文化底蕴的元素更有巨大的挖掘价值。将节气元素、语汇以及思维方式融入生活，服务于设计，在衣食住行各方面影响人们的生活，可达到精神、情感的满足。这使得经济发展的同时，节气文化得到传播。

虽然有些产品设计采用了节气元素，但其生命周期并不长，这是一个值得深入研究的问题。节气元素的应用要考虑到节气文化背后的传承机制，避免为设计而设计。节气文化作为中华民族传统的文化符号，需要更加长远的设计以避免短期性行为。只有当节气文化从单纯的设计元素升华成为一种约定俗成的完整设计语汇体系，与时俱进，并做到环境友好时，它才能高效融入产品中得以长久保存和传承。

2. 精神皈依产生的必然性

（1）突飞猛进的科学技术

古代的节气是将一年进行 24 份均匀划分，而今因有了天气预报和气象观测作为技术手段，人们已经可以精准把控每日气象。可以说，科学技术的进步有助于节气文化更有效地深入人们的现实生活中。这在传承古人智慧结晶的同时，也让今人享受到这种科技方式所带来的裨益。没有科学技术作为载体，节气文化只是纸面上了无生趣的文字，只有与科学技术相结合，节气文化才能焕发出新的生命力。

设计采用各种技术对节气特征进行复现有助于世界了解中国节气文化。此外科学技术也是节气文化商品化的载体，在设计的过程中如何将其完善地呈现出来，成为节气文化活态传承的重要课题之一。

（2）和谐发展下的生态文明观

节气文化反映了中国古人追求人、自然与社会和谐相处的理念，强调人应遵循并顺应自然发展的规律。

中国传统生态智慧讲究因地制宜，在二十四节气的应用实践中就体现了这种智慧。《考工记》云："天有时，地有气，材有美，工有巧，合此四者，然后可以为良。"这正是一种生态化的造物设计思想。它认为天时与节令的变化——也就是温度、湿度的变化，会影响材料的性能，从而影响产品的质量；其还认为某些地域所产原料更优，或者有当地的优良制作传统，从而可以提高产品质量。而二十四节气也是在"天有时"的基础上进行细致的划分，强调依据时间的不同而安排不同的农事活动。

古代按照五行理论，把一年分为五季：春属木，夏属火，长夏属土，秋属金，冬属水。这种划分主要体现的是五种气体的运动方式，而节气的变换即包含在五季之中。金、木、水、火、土五种元素相互转变，相互对抗，从而形成一种相生相克的制约平衡，体现了中国人所推崇的生生不息、循环有序的宇宙观。

二十四节气表明：人的活动要顺应自然，不可为谋私利而违背大自然的意志。这一点实际上与今天的绿色设计、科学发展观、生态文明等环境友好思想不谋而合。对于自身，中国古人认为人与自然不可分离，希望在时空变换中找到其内在的规律，从而把控自我，更好地顺应自然。（图1-14）

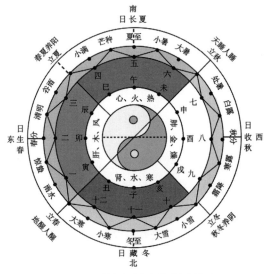

图1-14 节气中人与自然时空的关系

（3）丰富多彩的艺术设计创新方式

在二十四节气传承过程中，艺术形式表达多样，如春节的贴春联、剪窗花、挂年画等，是与生活、生产紧密结合的设计活动，也是传承的重要方式。

首先，节气文化可以以其具体形态为艺术设计提供灵感。每个节气都具有若干个元素，可借习俗、食俗、气候、生态等元素为坐标扩展。例如打春牛的习俗可抽象出的花牛形态，冬至吃饺子的食俗可提取的饺子形态，大雪节气可提炼出的雪花样式等。

其次，艺术设计拓展了节气文化的意境美学内涵。例如小雪、大雪等节气都有雪元素，难以分辨。在设计过程中，除了以其直观的形态，也可借鉴其意境（小雪微寒，大雪刺骨；小雪梅开，大雪盛放；小雪思乡，大雪团聚等）做文章。

实际上，东方美学重意境，设计可从意境出发进行创作。就雪花形态而言，东西方文化中都会有其特定内涵，例如在西方常与圣诞节相关联。同一形态在使用时除了可以相互借鉴，更可以从各自意境出发，进行差异化设计。"意"是内在、抽象的，能千变万化；"象"则是外在、具体的，可始终如一。意需要借助象来表达自身。意无象无以表达，象无意则为无意义物。

最后，与时俱进的丰富设计类型在交错应用中能全面推动节气文化传承落地。以下通过三类设计形式来分析节气中相关元素的应用（表1-5）。

表1-5　三类设计结合节气元素的不同创新方式

设计类型	设计实例	提取元素
视觉传达设计	简山节气标识	天气
产品设计	节气文创	时令动物
环境设计	北京二十四节气公园	时令植物

设计师简山设计的二十四节气标识（图1-15），以汉代装束的孩童为主角，以其从早到晚的活动表现了二十四节气的基本特征。作品以中国水墨画为表现风格，线条古拙，画面生动，有效传达了中国文化阴阳转换的世界观。

小满存钱罐（图1-16），设计师从二十四节气入手，使用"小满"意象的谷仓形状和"满"的美好寓意对存钱罐进行设计，将中国传统生活方式融入现代产品中，使产品具有中国古典韵味与传统的精神。

位于北京东城区的二十四节气公园，从空中鸟瞰，公园平面细长，依靠着南护城河，如一根联系人们情感的文化纽带。

图1-15 二十四节气的标识设计

图1-16 小满存钱罐

公园内的主体——24根高大的节气柱（图1-17）象征着二十四节气，设计灵感来源于天坛祈年殿内24根象征节气的柱子。每一根节气柱都细致地雕刻着对应的节气详解、时令花卉等，在"春种""夏长""秋收""冬藏"这四个广场中，每个广场矗立了四根节气柱（图1-18），还有24个番花信风石雕花球散落在园路中，使得公园小品层次感更加丰富。

二十四节气公园的建设，尊重客观规律，秉承节气文化中人与自然和谐共处的"天人合一"理念，为周边居民和来京游客提供了一个富有文化底蕴的、精巧的休闲游览环境。

从上述案例可以看出，节气给设计带来灵感，促进设计的同时，设计也反作用于节气，以实体的形式带动了节气的活态传承。

图1-17 二十四节气公园的节气柱

图1-18 二十四节气公园景观

（三）形成活态传承的政策扶持

1. 完善政策制度环境

自从二十四节气入选人类非物质文化遗产保护名录后，国家对于科学保护与传承节气文化实行了进一步的措施，在完善传习基地的基础上，可从以下几方面考虑。

（1）设立传统文化保护的专职部门

目前我国保护传统文化采用的是多部门协作方式，但从长远来看，单独为保护传统文化而设立专职部门是必要的。对于节气而言，灵活采用不同的机制成立专职机构，让政企与个人都积极参与进来，可以在保护精神内核的前提下更多地弘扬老祖宗的文化产物。

（2）进行系统的节气文化教育

系统的文化教育需要国家教育部门制定相关制度，强制性地将传统文化融入日常教育，以保障其有效传承。目前在网络上检索到与节气文化相关的课程主要是在幼儿园手工课程设计以及小学语文的节气文化习俗等方面。除了理论的学习，学生还可以在冬至包饺子、在夏季做绿豆沙、做节气相关的手工等。其目的是从孩子抓起，培养兴趣，体悟传统，增强自信。此外，这种渗透还可以更多元、更彻底。在循序渐进的过程中，让国人从被动学习到主动传承，在文化自信下更高效地弘扬传统节气文化。

（3）加大传统节气文化的宣传力度

加大传统文化宣传力度，有利于营造节气文化传播的良好氛围。政策主导下的宣传的形式可多样，可采用人们乐于接受的方式，例如，在一些手机和电脑屏保图App中，当在节气日期到来时可变换为对应的节气图片作为用户的壁纸；一些社交新闻App在节气当日会提醒节气内容，并呼吁延续当日的习俗；学者明星在媒体上以呼吁的方式或趣事分享的形式来宣传……这些措施对于节气的传承都是有利的。

（4）建立完备的法律保障体系

为保护我国传统文化的合法权益，需要尽快建立较为完善的法律体系，以从法律框架体系上保护我国的非物质文化遗产，以国家意志强制赋予其相应的法律地位。对于我国传统文化的保护，除了著作权法外，也应该包含改编权、摄制权等多种权利的保护。例如文创产品设计，在保护原创、禁止抄袭的前提下，要鼓励创作者采用节气的元素展开丰富的文化创新。

2. 构建传承保护的利益链

以商业利益与传统文化相结合的共赢方式传承，可谓一举两得。节气文化在为设计提供大量灵感的同时，也形成了美感与趣味性来源，这对于文化创意和商业价值来说都是大有裨益的。传统文化商业方式的宣传也可以避免意识形态的误解，让全世界都能体味悠久的传统文化特色。如借助市场与商业起到的良好推动作用，在商业包装、地铁广告中进行节气文化宣传与软广告植入，就是一个良好的方式，还能寓教于乐。

位于嘉兴的嘉禾端午民俗体验馆（图 1-19），分为上下两层，一层可以体验节气的不同习俗，二层则可进行深度研学。其中的二十四节气主题文化餐厅，更可让来访者全方位体验节气之美，探寻江南文化的灵秀意境。客人在节气包厢的饮食环境中，可以一边吃着应季的节气传统美食，一边观赏"芒种""立秋""大雪"等独特的节气景致，让感官畅游于这场节气文化的盛宴当中。

图 1-19　嘉禾端午民俗体验馆

第二节 二十四节气文化传承的现实土壤

古人依据自然时令、气候、物候等方面的变化规律总结而成了"二十四节气"时间知识体系，不仅对农业生产活动及社会生活方式产生了深刻影响，且在民间与地域文化相融合中，渐渐形成了具有地域性特征的节气民俗活动。目前全国可查的已列入省级以上非物质文化遗产保护名录中的二十四节气民俗活动项目主要在五个省份十个地区。通过田野调查法的方式对具有代表性的二十四节气民俗活动进行实地调研，可考察各地节气民俗活动的历史源流、活动内容、传承现状等，在此基础上，探析二十四节气文化传承的现实土壤，为进一步分析其文化内涵、提取其中的文化特征的研究提供了现实资料。（图 1-20）

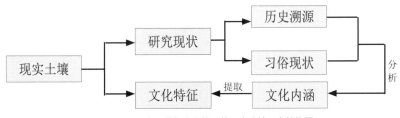

图 1-20　二十四节气文化传承的现实土壤研究结构图

一、二十四节气非遗传习项目现状

近些年来我国开始越来越重视对非物质传统文化遗产的保护，2006 年首批文化遗产列入了国家级非物质文化遗产名录，截至目前已公布了四批名录，共1372 个项目。其中与二十四节气相关的节气民俗分别为九华立春祭、班春劝农、石阡说春、三门祭冬、壮族霜降节、苗族赶秋、安仁赶分社七个项目。2016 年11 月 30 日，以九华立春祭等为代表的七个节气民俗被正式列入联合国教科文组织的人类非物质文化遗产代表作名录。各地区政府也相继成立了省市级的非物质文化名录遗产，来对各地区文化加强保护和传承。

课题组选取了九华立春祭、班春劝农、石阡说春、三门祭冬、壮族霜降节、

设计中节气文化的活态传承

苗族赶秋、安仁赶分社七个被纳入人类非物质文化遗产名录的节气习俗，以及平乡立夏冰神祭、半山立夏习俗、台州送大暑船三个省市级非遗项目的节气民俗作为研究对象（图1-21），对每个民俗活动现状从两个方面来展开研究，一方面是从历史源流进行梳理，在文献记载传说和当地居民访谈中获取信息。另一方面从习俗活动现状出发，详细地记录每个习俗活动中各个活动事项。

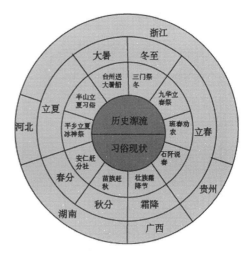

图 1-21　五省十个项目研究内容

（一）九华立春祭

九华立春祭是浙江衢州立春祭祀的传统民俗活动。每年的立春日，柯城区九华乡妙源村都会举办祭春神句芒的庙会。立春祭活动内容丰富多彩，包括祭春神、敬土地、鞭春牛、咬春、演戏酬神和打春糕等，通过各种与春相关的活动，表达农民对新年的美好愿望与期待。

梧桐祖殿（图1-22）是九华立春祭迎春仪式的举办地点，该殿为浙江省乃至国内唯一一座保存完整的春神殿。殿中供奉着用一根巨大梧桐树根雕成的木神（春神）句芒神像，山民称之为"梧桐老佛"。

图 1-22　梧桐祖殿

1. 历史溯源

九华立春祭祀活动历史虽然源远流长，但关于九华立春祭的文字资料十分有限，且年代较近，仅在当地县志中有依稀记载。

表 1-6　九华立春祭历史源流与发展

时期	文献来源	内容
清朝康熙年间	《衢州府志·典礼考》	"每岁有司预期塑造春牛芒神。立春前一日，各官常服舆，迎至府县门外。土牛南向，芒神向东西。至日清晨，陈设香烛、酒果，各官俱朝服，赞排班，班齐，赞鞠躬。四拜，兴，平身。班首诣前跪，众官皆跪。赞奠酒，凡三。赞俯伏，兴，复位，有四拜。毕，各官执续彩杖，排列于土牛两旁。赞长官击鼓三声，擂鼓。各官环击土牛者三，赞礼毕。"
		"府、县迎春，每年共支钱银一十二两。"
民国时期	《衢县志·风俗志》	"民间犹鼓吹，送春牛图于家者。"

相传九华立春祭活动自秦汉时期就出现了，而文字资料可查询到最久远的时间是清代。从文字材料中可见清朝康熙时期，每年当地官府都会组织民众立春祭祀。而至民国时期，虽然官方不再组织祭祀活动，但民间依旧沿袭着这一习俗，后因战争动乱而暂停。直至 2005 年，在当地民众的努力下，梧桐祖庙得以修复，恢复一年一度的立春祭祀，才让这一习俗得以沿袭至今。

2. 习俗内容

"万物苏萌山水醒，农家岁首又谋耕。"立春是二十四节气新一轮循环更替的起始，也是新一年农事耕种的开端。每逢立春之际，古人通过祭春、迎春的仪式来迎接春神，表达对自然的敬畏和尊重之情，祈祷新的一轮耕种能够风调雨顺、五谷丰登。如今九华立春祭活动在传统祭春活动的基础上逐渐加入新的内容，包括迎春、祭春、鞭春、抬神巡村、演戏酬神等。

表 1-7　九华立春祭习俗内容

主要仪式	具体流程
迎春	送"春牛图"、迎春接福、种春苗、撒春泥、浇春水
祭春	上供祭品、诵念祭词、焚香祈福
鞭春	鞭春、抢春、插春
抬神巡村	舞龙喝彩、巡村赐福
演戏酬神	戏剧表演

（1）迎春

迎春在梧桐祖殿举行，祖殿的正中央供奉着春神雕像，春神就是中国神话传说中的句芒，句芒形象在《山海经·海外东经》中的记载为"鸟身人面，乘两龙"。人们在这天祭祀它，既是回馈去年春神的保佑，也是祈求来年风调雨顺。

立春祭祀的前一天，报春人要给村里每家每户送春牛图，并贴于墙上，春牛图是一种以芒神鞭打春牛的木刻版画，一般为红色纸上印有黑色的图文。

仪式开始前，身穿绿色长裙的童男童女，头戴竹叶帽，手提红灯笼，整齐地站立在殿门前台阶两旁，静静地等待春天的到来（图1-23）。一到了交春时刻，梧桐祖殿大门就会准时打开，接着点燃鞭炮。接春使者进入殿中欢呼着"春来了"，并和村民一起焚香祭拜，然后便在花盆中开始种春苗、撒春泥、浇春水等。随后村民将写有美好寄语的祈福丝带系在青树上（图1-24），以祈求平安顺利。

（2）祭春

迎春结束后，祭祀开始。祭祀人员将祭品送上殿内祭台（图1-25），主祭司念诵祭文（图1-26），陪祭跟着唱起《祭春喝彩谣》。最后主祭、陪祭、司祭、村民等向春神烧香，行祭拜礼（图1-27），祈盼新年风调雨顺、吉祥如意。

（3）鞭春

鞭春（图1-28）主要包括鞭春、抢春、插春等。装扮成春神的老农在后面驱赶耕牛，牧童一边鞭打耕牛以开始新春第一耕，一边唱起了《鞭春喝彩歌谣》："一鞭春牛，春回大地；二鞭春牛，风调雨顺；三鞭春牛，三阳开泰；四鞭春牛，事事如意；五鞭春牛，五谷丰登；六鞭春牛，六六大顺；七鞭春牛，七星报喜；八鞭春牛，八仙过海；九鞭春牛，国泰民安。"鞭打春牛之后，接春使者、牧童蜂拥而上，抢夺挂在春牛身上象征吉祥寓意的喜袋和竹柏，以祈求春神保佑平安。翻松的土地上，司农开始把五谷种子撒在田间，老农则把白菜青苗移种到田里，表示春播开始了。

（4）抬神巡村

鞭春结束后，祭祀人员将四大令公神像请出梧桐祖殿，抬着神像巡村赐福（图1-29），舞龙队在沿途表演。沿街百姓纷纷祈祷新的一年风调雨顺、五谷丰登、六畜兴旺等，以此作为一年的开端。

（5）演戏酬神

仪式的最后，村子邀请戏班子来殿内唱三天三夜的婺剧（图1-30），并请村民前来免费观看，以酬谢春神一年来对村民的保佑。

图 1-23　迎春仪式

图 1-24　迎春仪式中的系祈福丝带

图 1-25　上供祭品

图 1-26　念诵祭文

图 1-27　行祭拜礼

图 1-28　鞭春仪式

图 1-29　抬神巡村

图 1-30　演戏酬神

（二）班春劝农

班春劝农是浙江省丽水市遂昌县保留的传统迎春文化民俗活动。"班"字通"颁"，"班春"即颁布春令，"劝农"以劝农事，策励春耕。从古时起遂昌县地方长官为了策勉农民努力耕种，而在春耕来临之际，举行鞭春仪式，颁布春令，名曰"班春劝农"。20世纪80年代后，大田村村民自发组织上千人参与的班春劝农活动，基本复原古代祭春活动场面。相承至今，原本仪式中的劝农耕种的目的逐渐减少，逐渐增添了节气庆典、纪念历史人物等意味。

1. 历史溯源

表1-8 班春劝农历史源流与发展

时期	文献来源	内容
西汉	《史记·孝文本纪》	"（孝文三年）正月，上曰：'农，天下之本，其开籍田，朕亲率耕，以给宗庙粢盛。'"
		"（十三年）上曰：'农，天下之本，务莫大焉。今勤身从事而有租税之赋，是为本末者毋以异，其于劝农之道未备。其除田之租税。'"
东汉	《后汉书·崔骃传》	"（王莽）后以（崔）篆为建新大尹……（篆）称疾不视事，三年不行县。门下掾倪敞谏，篆乃强起班春。"
西晋	束晳《劝农赋》	"惟百里之置吏，各区别而异曹；考治民之贱职，美莫当乎劝农。"
唐代	诗人孟郊《赠农人》	"劝尔勤耕田，盈尔仓中粟。"
宋代	王安石《和钱学士喜雪》	"公今早晚班春去，强劝涝田补岁饥。"
	苏轼《鸦种麦行》	"农夫罗拜鸦飞起，劝农使者来行水。"
明代	汤显祖《班春二首》	"今日班春也不迟，瑞牛山色雨晴时。迎门竞带春鞭去，更与春花插几枝。"
		"家家官里给春鞭，要尔鞭牛学种田。盛与花枝各留赏，迎头喜胜在新年。"
清朝康熙	《遂昌县志》	"立春先一日，官府迎春于东郊，祭芒神，鞭土牛，民乃兴事。"
康熙四十八年（1709）	遂昌知县缪之弼《春郊劝农》	国惟民食重，俯仰望田畴。麦秀高分穗，蒿平绿刺眸。惰勤原有别，忧乐适相酬。慰劳兴束作，轻骑月一钩。

班春劝农习俗在"以农为本"的古代中国被列为国之大事，不仅地方县官要组织劝农，连皇帝也要亲躬力行，主持开耕劝农仪式。早在西汉时期以皇帝为首的统治者为振兴农事，组织了自上而下的劝农仪式，且后世统治者都承袭着这一事项，逐渐演化成农事开始前必经的习俗。而在遂昌县与班春劝农相关最为知名的人物，当数明朝担任知县的汤显祖，他以勤政爱民、兴教化、励农桑，

受民爱戴，被后世追为从政的典范，更是现今劝农活动中纪念的对象。至清朝乾隆年间，班春劝农演变成了社会瞩目、全民参与的民俗活动。"文革"时期，班春活动一度中断，民众则在家中自设祭台，以简单的形式"迎春接福"。1970年代末，大田村村民自发组织了中断已久的班春劝农活动，恢复了传统的民俗。2009年，班春劝农作为非物质文化遗产被列入浙江省省级非遗项目名录。2016年，班春劝农习俗被纳入联合国教科文组织人类非物质文化遗产代表作名录。目前，国家开始组织社会各界力量，当地政府积极筹备对文化遗产的保护，终于使班春劝农习俗成功走出大山深处，登上世界的舞台。

2. 习俗内容

班春劝农活动较为完整地保留了传统的劝农仪式事项，主要仪式可分为祭春、鞭春、开春三部分。

表 1-9　班春劝农习俗内容

主要仪式	具体流程
祭春	巡游、上供品、诵祭文、祭先农、请勾芒神、传谷种、赏花酒、赠春鞭
鞭春	鞭春牛、唱祭祀歌谣、抢春
开春	开耕、咬春

（1）祭春

祭春正式开始后，装扮成"汤显祖"的祭祀人员带领民众抬着祭品、金牛、五谷杖、幡旗等祭品（图 1-31），行三跪九拜大礼叩向广场正中央的神农雕像，走到祭台前，接着宣读祭春文（图 1-32），下"班春令"，以揭开仪式的帷幕。随后，赏花酒、传谷种、赠春鞭。在鼓声中，众人牵牛上场，喂牛吃下鸡蛋五枚及酒一碗，寓意着牛下田耕种更有力。

图 1-31　上贡品

图 1-32　颂祭文

设计中节气文化的活态传承

图1-33 鞭春牛

图1-34 开耕仪式

（2）鞭春

司仪高声吟唱着："春牛出栏，春色满园。遂昌大地，风调雨顺。"其接下来便手持春鞭挥向"春牛"（图1-33）。三声清脆的鞭声后，"春牛"肚子里溢出五谷，以示句芒神赐福，人们上前争抢谷种，祈求"五谷丰登"。

（3）开春

鞭春仪式结束后，"汤显祖"牵着春牛带领着众人前往农田，进行开耕仪式（图1-34）。主祭人率先驱使春牛拉动铁犁，以示开耕，农民随即跟着开耕。随后民众吃着分得的春饼、春茶、萝卜等食物，意喻为"咬春"。

（三）石阡说春

"说春"是石阡侗族人民世代流传下来的综合性的民俗活动，主要活跃在立春时节前后，其目的在于劝农行耕，祈福风调雨顺、丰衣足食。作为侗族的民族传统，"说春"中蕴含丰富独特的民族民间音乐艺术，包含着侗族以及土家族、苗族、亿佬族等民族民间音乐元素，是研究各民族民间音乐及其交融的主要例证。

石阡说春主要流行于石阡县花桥镇坡背村，每年立春时节前十日，便会看到一群身穿古衣的春官前往镇远、施秉、天柱、八拱（三穗）、剑河等地的村寨，挨家挨户说春送福。它与浙江班春劝农有异曲同工之妙，与其他春俗的核心思想一致，即规劝农人及时行农事。据传封氏一族自唐代开始掌管当地的说春一事，后代沿袭至今已有千年历史，现在每年立春之时以封付元为首的春官依旧游走于村中的每家每户，以送春帖、唱说春词的方式送福运，劝农耕。石阡说春又可分为"说正春"和"说野春"两种，"说正春"的说春词是固定的，主

图 1-35 春官

图 1-36 春帖

要包含着"二十四个农事节气""渔樵耕读"等关于农事活动规律的内容。"说野春"又称为"说耍耍春""说花花春",内容丰富、种类繁多、随机应变。春官（图 1-35）通常身着明清官服制式的蟒袍、玉带、乌纱帽、粉底靴,手端春牛木雕,每到一家均要说唱春词,并散发印有二十四节气内容的春帖（图 1-36）与一张寓意财源滚滚的芒神符,意在劝诫户主勤劳耕种并祝福其平安顺利。

1. 历史源流

说春习俗最晚始于唐朝,据记载有"唐朝差我送春人,特来贵府开财门"。《周礼》记载:"以宗伯为春官,掌邦礼。"周朝时朝廷设春官一职,来负责处理国家礼法、祭祀等事务,而至唐代更是将礼部称为"春官"。随后宋明清时期,继续沿用春官这一职称,如明朝时,设立了春、夏、秋、冬四辅官职。最早关于说春习俗的文字记载于宋朝孟元老所著的《东京梦华录·立春》中。这时说春习俗已在都城开封和祥符两地成必行事务,各地开始效仿,说春习俗并逐渐盛行开来。在明清两朝的石阡县志中可以看出,石阡地方长官也响应中央号令,组织说春事务以"迎春",此在明朝就已盛行。清末民初至解放前夕,是说春习俗发展的黄金时期,民间说春活动十分活跃。"文革"期间,"说春"一度被严令禁止,众多说春用具被烧毁。改革开放后,受社会经济发展的影响和现代化思潮冲击,大量年轻劳动力外流,说春习俗又陷入低谷。进入 21 世纪后,政府十分重视这一习俗的保护,每年组织并鼓励传承人继续这一传统,现主要代表性传承人有:封复智、封家年、封复元、包正桥、封万明、封香寿等。

表1-10　石阡说春历史源流与发展

项目	时期	文献来源	内容
说春	宋朝	孟元老《东京梦华录·立春》	"立春前一日，开封府进春牛入禁中鞭春。开封、祥符两县，置春牛于府前。至日绝早，府僚打春，如方州仪。"
	明朝	《明史安然传》	明宣德年间，石阡长官司正长官安然，负责管理迎春事宜。
	乾隆三十年（1775）	《石阡府志·迎春》	"每岁于立春前十日，像塑芒神、土牛，至立春前一日，郡府率僚属各具朝服，陈香案、排执事、春花、农具，鼓乐道前，迎春于东郊，扶犁行耕毕，随以土牛、芒神入陈于仪门外，同僚属大堂筵宴。至日，祭芒神以牲酒；至时，行鞭春礼毕，送芒神供土地祠。岁支销春鞭银六两，土司领办。"
	民国初年到解放前夕		说春习俗发展的鼎盛时期，说春不再局限于某个村庄，范围涉及全县各乡镇，尤其流行于仡佬、侗、苗、土家等少数民族的村寨之中，时间也从十几日延长至数十日。
春官	西周	《周礼》	"以宗伯为春官，掌邦礼。"
	唐朝		将礼部长官称为春官，从此朝中以春官为礼部的代称。
	唐宋至明清		司天官属下有春官正、夏官正等官名，明朝太祖设四辅官，以春、夏、秋、冬为名，实仅置春、夏二官，秋、冬阙。

2. 习俗内容

石阡说春的一系列固定程序，生动有趣，严谨复杂。春官说春前要进行出行仪式，让出行充满仪式感，也增添了一丝展演的趣味。接着便是说春仪式，春官师傅到村民家后，要完成说春活动内容（表1-11），告诫农户遵农时、行农事。在农户眼里，春官也是请神灵以求福运的使者。

表1-11　石阡说春习俗内容

主要仪式	具体流程
出行	春官加封、扶犁行耕
说春	开财门、请芒神、唱春词、送春帖

（1）出行

春官出发前需要在经验丰富的春官师傅的主持下完成出行仪式（图1-37）。

春官加封　在立春前一日，春官身穿官服汇集在选定的田野上，并摆放供桌。特定数量的香烛插于装有稻谷或大米的升子中（一种四方形似谷斗状的小量器），摆放在供桌之上。由春官师傅迎接春神，念诵口诀咒语，焚化纸钱，为春牛披上红巾、挂上纸钱和麻线，祭拜加封春牛、春官服、打春棒等说春用具，使春官及说春器物具有能够为村民祛灾免难、保民安康的力量。（图1-38）

图 1-37 出行仪式

图 1-38 春官加封

扶犁行耕 春官加封后，开始扶犁行耕（图 1-39）。春官将头戴红巾的春牛牵引至田间，再套好犁铧。身着红色官服的"知府"扶犁，另有一人牵牛引导，下田行耕。昭示着春天来临，春官要履行使命，前往村民家劝农耕种，勿误农时。行耕仪式结束后，春官们前往其他村寨入户说春。

图 1-39 扶犁行耕

（2）说春

开财门 入户说春前要先从"开财门"开始，春官在农户外时会大声说与开财门有关的春词，如《进屋说》。屋内主人听到后会在堂屋正中央的八仙桌上摆上香、纸、酒等祭品，并将大门关闭，静候春官到来为其开启财门。春官在唱完开财门的春词后，便推开紧闭的大门，跨入村户堂屋内，再烧掉主人放在门后的香纸并作揖，以此祭奠门神。（图 1-40）

请芒神 开财门结束后春官进入堂屋，开始为农户请芒神，喻示神灵

图 1-40 开财门

赐予说春仪式以神力。春官先拿取桌上准备好的纸钱在堂屋内的祖先牌位前作三个揖，表达对主家先祖的敬重，然后将点燃的三炷香插在神壁的香炉内，再把手里的纸钱拿出三束，开始吟唱请神词，恭请行业祖师爷和芒神（图1-41）。最后春官焚烧手中的纸钱，再作三个揖，开始说七十二行。

图1-41 请芒神

说七十二行 即根据主人从事行业的不同，说唱不同的吉祥春词。春词内容灵活多变，不拘一格，主要为称赞主人的品质道德，或告诫农户守时农耕。主要的春词有《二十四节气春》《月樵耕读》《医生春》《大炉春》《纺线春》《织布春》《讲酒春》《烟春》《茶春》等。

送五瘟和送春帖 说完七十二行后，紧接着春官要高唱送五瘟词，歌词中的麻瘟、马瘟、牛瘟、豆瘟、水火瘟是指给主户带来灾祸的五种瘟神，麻瘟代表给棉花和纺纱织布带来瘟病的灾星；马瘟、牛瘟则代表给家禽牲畜带来瘟病的灾星；豆瘟代表给农业作物带来瘟病的灾星；水火瘟代表给主人家财产和生命安全带来危险的水灾、火灾瘟神。春官以颂唱寓意着祛灾解难、转祸为吉祥内容的送五瘟歌词，为农家祛灾纳福。

送完五方瘟神，说春仪式也就结束了。主家会给春官数字吉利的钱财或者物品，以表示对春官的感谢和祝福，最后春官把印有二十四节气的春帖送给主家。春官以此程序挨家挨户地说春，说到最后一家时，便把春牛放在这家人的神龛上供奉着，次年从这家人开始说起。

（四）三门祭冬

三门祭冬传承于浙江省三门县各乡镇聚族而居的村落之中，是在冬至节举行的隆重而庄严的拜冬祭祖民俗活动。三门祭冬以亭旁镇杨家村祭冬仪式为代表，其流程传袭最完整、规模最大。修建于明洪武初年的杨氏家庙是杨家村祭冬仪式的主要场所。三门祭冬在漫长的历史长河中逐渐形成了一套严谨规范的习俗制度，冬至日前，要按严格的族规筛选出符合要求的主祭、陪祭、童男童女、执事等祭祀人员。筛选好的人员在冬至当日穿着特定服装，参加祭冬典礼，各司其职。其祭祀流程也井然有序，众人在主祭的主持下先拜天后祭祖，三献礼读祝词。来宾听从主祭的指示，行跪拜礼仪。一系列礼仪结束后，还要为老人演祝寿戏，设老人宴。三门祭冬具有鲜明的地域文化特色，通过隆重仪式来传达对天地先祖的尊敬和感恩之情，彰显尊老敬老的传统美德，加强族人的宗族归属感，团结族人。

1. 历史源流

民间有传"冬至大如年"。古人视冬至为岁首，在这天庆贺新年的到来。《汉书》中记载："冬至阳气起，君道长，故贺。"可看出汉代时，古人认为从冬至开始，天地间的阳气渐起，一年新的循环即将到来，并把冬至列为"冬节"来庆祝。其至唐宋时期盛行，皇帝在冬至这天举行祭天拜祖大典，民间也流行祭祖尊老。明清时期，冬至"祭冬"的习俗更加盛行。三门祭冬这一习俗据文字记载已传承了700年，最早的文献记载可追溯至明代当地县志中对该习俗的描述，从材料中可见当时三门地区民间已流行庆贺冬至的习俗。清至民国时期，冬至民间祭祖的习俗更加隆重。三门地区人们多以家族为单位聚集居住，这也为三门祭冬沿袭至今提供了条件。时至今日，三门祭冬依然是三门县各村落极其重要的祭祀和节日。

表 1-12 三门祭冬历史源流与发展

时期	文献来源	内容
明崇祯五年（1632）	《宁海县志·十二卷》	"冬至，民俗不重履端，士夫称贺。"
清康熙	《临海县志·卷一·风俗》	"冬至，粉秫米为丸，谓之冬至圆。设牲醴食馔荐之祖先。"
清光绪	《宁海县志》	"冬至屑糯米粉作汤圆，以赤小豆作馅礼神及祖考"（旧时三门分属宁海、临海管辖）。
民国	《临海县志稿·卷七·风土·岁时记》及三门宗族谱牒	均有祭冬记载。
民国十九年（1930）	《南田县志·三十五卷》	"冬至，人家各具酒馔，以糯米为汤圆享祖先，烧纸钱于路以资游魂。"

2.习俗内容

其由取长流水、祭前准备、祭祖祈天、演祝寿戏、行敬老礼、设老人宴及与之伴生的相关民俗文化组成。内容流程如表 1-13：

表 1-13　三门祭冬习俗内容

主要仪式	具体流程
取长流水	祭拜、取龙潭水
拜天仪式	甄选祭者、族人汇集、沐浴戒斋
祭祖仪式	祭天、拜祖
演祝寿戏	献蟠桃、祝寿戏
老人宴	敬老礼、老人宴

（1）取长流水

祭冬仪式开始前一天下午，参加取水仪式的民众们抬着狮子、白象、犀牛、梅花鹿、麒麟五兽开道，高举祭冬大旗，敲锣打鼓，浩浩荡荡地前往大龙岭盛装高山龙潭水（图 1-42）。取来的龙潭水一般会装在一个青花瓷坛里，送回家庙，供冬至日祭祀者净手、洒水。取龙潭水即取长流水，寓意着家族血脉长流不息，子孙延绵不断。取水之前首先要设祭坛拜天地，以此来感谢神灵赐予圣水的恩惠，并祈求来年风调雨顺。

（2）祭前准备

祭祀前最重要的事情就是挑选祭祀人员，主祭的要求较高，以儿孙满堂、人丁兴旺且身体健康的长者为最佳人选。每一位祭祀人员都是按照家族规范严格筛选出来的，不容疏忽。这种筛选方式也体现了亭旁杨氏长幼有序、尊卑有别的宗族文化。每逢冬至时，各地的族人都陆续回乡参加盛典。仪式开始前，参加的人都要沐浴更衣，以最好的面貌参加典礼，表示对天地祖先的虔诚敬意，而主祭和陪祭等祭祀人员则会更换不同的唐装，以待仪式正式开始。（图 1-43）

（3）拜天祭祖

拜天祭祖（图 1-44）由拜天和祭祖两个仪式组成，拜天仪式由问天请天、敬酒叩拜、祈天信报、主陪祭感恩拜天等组成。祭天开始，拜天师首先朝东、南、西、北四个方向对上天行叩拜礼，后上香、点蜡、斟酒，念诵咒语邀请天地各

图1-42　取长流水

图1-43　族人汇集

图1-44　拜天祭祖

图1-45　老人宴

路神仙。然后主祭和陪祭走上祭坛，上香、敬酒，行三拜九叩之礼。最后拜天师诵读祭天申报，主祭和陪祭行礼以表感谢。

　　拜天结束后，祭祖便开始了。祭祖由三献礼、读祝和族人祭拜组成。先由村中代表用龙潭水将手洗净，行三献礼。三献礼是汉人历来就有的一种祭祖礼节，即行三次献酒（初献爵、亚献爵、终献爵）。三献礼后，族人纷纷起立，主祭、陪祭等人员行三拜九叩礼，喝礼者读祝。礼仪完毕后，台下族人依次上前跪拜祖先。然后，主祭邀请外来戏班到中堂像前行祭拜礼，后请三献读祝。最后，由主祭者接过蟠桃上供至祖像前，开演祝寿戏。

（4）老人宴

　　冬至当天中午时开设老人宴（图1-45），60岁以上的老人皆可前往家庙赴宴。此时有敬老礼的习俗，即向80岁以上的老人每人发放5斤猪肉。

（5）祝寿戏

祭祖仪式结束后，由村里邀请戏班子在家庙戏台上为族人演祝寿戏（图1-46）。祭冬活动中以展演祝寿戏的方式表达对老人的尊敬，以及对老人身体康泰、益寿延年的美好祝福，而戏剧活动也让村民的文化生活更加丰富，为祭冬活动增添了趣味性。祝寿戏展演结束后，热闹的祭冬活动宣告落幕。

图 1-46　祝寿戏

（五）壮族霜降节

壮族霜降节是壮族典型的民俗活动，依托于壮族稻作文化，最初是壮族民众酬谢自然、庆祝丰收的一种形式，表达人们祈盼五谷丰登的良好愿望，后发展为祭祀民族英雄、进行商贸活动、表演民俗文化的综合性民俗活动。壮族霜降节流行地域较广，主要盛行于广西西南部地区壮族聚居的大新、德保、靖西、那坡等县，以及云南与广西接壤的东部等地区。该节日规模大，时间长，霜降节气开始后的九天内，参与人数多达数万余人。节日内容丰富多样，且具有浓厚的地域民族特色，除传统的霜降祭祀习俗外，还包含有妙趣横生的壮族特色文体活动，以及热闹非凡的圩市交易和走亲访友活动。

1. 历史源流

表 1-14　壮族霜降节历史源流与发展

时期	文献来源	内容
宋代		每年农历霜降期间，壮族民众趁农闲机会交朋结友、走亲串戚、对歌看戏，并在霜降节期间买卖农产品和生活用具。同时，霜降节时也要敬牛，让牛休息三天，禁鞭笞，其间如有牛意外死亡，则只能将牛埋葬而不得食其肉。
明代嘉靖年间		壮族霜降节又融入了纪念民族女英雄瓦氏夫人的内容。瓦氏夫人是明代壮族抗倭巾帼英雄，曾在农历霜降这一天大败倭寇。她逝世后，壮族民众就在霜降节举行相关活动，缅怀民族英雄，祈求风调雨顺。
清光绪	《归顺直隶州志》	"前一日，州城各户裹粽，谓之'迎霜粽'。节间燃烛烧香，供祖先，给小孩。四乡亦作糯米糍，谓之'洗镰'。推原其故，盖幸登场事竣也。"

俗话"霜降杀百草"，霜降是秋冬交替的节气。此时气温渐寒，草木逐渐凋零，晚稻作物成熟并被收割，农民结束了一年的耕种。在宋代，壮族民众就在霜降农闲期间，让耕牛休憩，走亲访友、对歌看戏，并进行市集交易等休闲活动。明代嘉靖年间，受民族抗倭女英雄瓦氏夫人事迹的影响，壮族霜降节活动又在原有基础上加入了纪念民族英雄的仪式内容。而到了清代，壮族霜降节进入鼎盛时期，商贸往来更为频繁，这一时期霜降节期间的集市街道十分繁华喧闹。

2. 习俗内容

壮族霜降节内容涵盖面很广，主要有酬谢自然、纪念民族英雄、文体活动、走访亲友等内容，人们年复一年地参与其中，热情不减。

表 1-15　壮族霜降节习俗内容

主要仪式	具体流程
祭祀祈福	酬谢自然、纪念民族英雄
文体活动	霜降歌圩、壮族"拜囊海"、打榔舞、板鞋舞、竞技比赛、对歌唱土戏、舞龙舞狮
宴请亲朋	宴请亲朋
圩市交易	圩市交易

（1）祭祀祈福

壮族霜降节与其他节气习俗一样，祭祀祈福都是节日习俗中不可或缺的一部分。壮族霜降节祭祀祈福分为酬谢自然和纪念民族英雄两部分。

酬谢自然　霜降节当天，城隍庙神龛前早已摆满了各式各样的祭品，参与活动的民众先来祭祀天地。仪式开始后，主祭上前上香、点蜡，早已就位的六位道公诵念经文。诵完经文后，道公们纷纷起立，手持板笏祭拜城隍，顿时鞭炮齐鸣、凤舞龙蟠、热闹非凡。壮族人民通过祭拜自然神灵的方式，从请神，到谢神、娱神，再到求神、送神一系列的仪式过程，来感谢过去一年神灵对乡民的眷顾和恩赐，也是对来年人寿年丰、生活蒸蒸日上的美好祈愿。（图 1-47）

纪念民族英雄　各地根据流传的英雄人物故事的不同，相应的纪念对象也各有不同。如在下雷镇人们在霜降这天前往庙宇祭拜娅莫嬷夫人，而在崇左壮族地区人们则纪念乜嬭夫人，在向都镇人们则将瓦氏夫人视为纪念的对象。在酬谢自然之神后，道公引领着祭祀队伍开始游街赐福，人群抬着英雄塑像、祭品，高举幡旗，绕古戏台一圈祭拜后，便浩浩荡荡地前往万福寺。这项活动颂扬了

图 1-47 酬谢自然

图 1-48 纪念民族英雄

图 1-49 歌舞表演

图 1-50 走亲访友

民族英雄率领将士抗击外敌的英勇伟绩，讲授了民族历史知识，宣扬了英勇无畏、捍卫和平的英雄精神。（图 1-48）

（2）文体活动

壮族人民自古就有在节日婚丧唱歌的习俗，每年的壮族霜降节，人们会筹备霜降歌圩。这一天，许多穿着壮族服饰的男女老少聚集在一起唱山歌，交友会友、说爱传情、赞颂当下。山歌有情歌、劳动歌、生活歌、仪式歌、时政歌等，歌词大多临时编词，即兴发挥。唱的方式也多样，有独唱、对唱、多人唱等，热闹纷呈。除了霜降歌圩以外，传统霜降节活动还包括壮族板鞋舞、壮族拜囊海、打榔舞等活动。如今在传统文娱活动的基础上，还加入了篮球比赛、武术表演、拔河比赛等活动。（图 1-49）

（3）宴请亲朋

"秋收稍余，则邻里亲戚，曰招呼往还，恣其殷唦，以今日按之，颇相符合，盖其习俗久矣。"清代《镇安府志》如此记载了当地秋收之后，人们放下手中的农活，开始走亲访友、宴请亲朋的情况。如今霜降时节，每家每户杀猪宰羊，招待到来的亲朋和赶圩的宾客，并以家中到来的客人多为荣耀。（图 1-50）

（4）圩市交易

霜降节正值秋收农忙结束后，人们纷纷趁着农闲聚集在集市买卖农具等商品，同时也吸引外地的客商前来做生意。久而久之，当地便形成了霜降时节圩市交易的习俗。

（六）苗族赶秋

赶秋节，又称交秋节、赶秋场，是苗族的传统节日。每年立秋开始后四天，苗族人民会举行盛大的仪式迎接秋天的到来，欢庆一年的丰收。流行的地域主要是在湖南湘西花垣县、凤凰县、古丈县、泸溪县，以及贵州松桃、重庆秀山等苗族聚居地区。其仪式内容与壮族霜降节类似，都是集祭祀、文娱、歌舞展演等为一体。它既是苗族人民欢庆佳节的盛大仪式，也是青年男女交友传情的社交平台。

1. 历史源流

据考证早在五千多年前，三苗先民就以赶秋场的方式迎立秋庆丰收。如今民间古歌、古老传说等依旧流传着许多有关赶秋节来历的故事，总体可归纳为纪念英雄和美好爱情、降伏妖魔、感恩神农、娱神活动、庆祝丰收五个主题。相传上古时代，古苗寨有个叫巴贵达惹的青年为了追求心爱的姑娘，立秋这天在秋场上扎秋千，吸引了美丽的姑娘乜娘到来，之后两人相识并相知，最终结为夫妻，过上了美满幸福的生活，为了纪念这段美好的爱情故事，苗族人将他们奉为"秋公秋婆"，并在每年立秋时节都要举办赶秋活动纪念他们。又传说洪荒时代，妖邪鬼怪和猛禽恶兽经常来侵扰村庄，当值立秋晚上，妖魔再次来犯，苗族先民英勇奋战，最终战胜了妖魔，并将其皮、骨剥下来做成鼓面和鼓槌，之后每逢立秋苗族女性们就敲起苗鼓，以鼓声吓退来袭的妖邪猛兽。久而久之，他们便把驱赶妖邪和丰收之际的"立秋"作为庆祝的佳节，逐渐演变成了如今的苗族赶秋习俗。第三种传说，在《神秘湘西》中有记载，相传荡秋千以前是巴代在祭祀仪式后驱邪娱神的一种法事。至今在赶秋节中我们依然可见仪式中的苗族巫师在秋千上念经诵咒，祛除妖邪。第四种传说，是相传在原始部落时期，神农派遣一对男女前往东方找寻五谷种子，并教授古苗族先民栽种五谷，之后苗族人民便尊称他们为"秋公秋婆"。为了感谢神农和秋公秋婆赐予谷种，苗族先民在立秋这天举行赶秋仪式，相传至今。第五种传说中苗族先祖"果输"是一名工匠，制造了抽水的筒车、水碾、秋千，为苗族农民耕种带来了便利，使人民过上了日出而作、日落而息、春耕秋收的安稳生活，故每逢立秋庄稼收获之前，苗族人民都会以热闹欢快的活动表达丰收的快乐。

表 1-16　苗族赶秋历史源流与发展

时期	文献来源	内容
岳麓书社 1990 年 11 月出版	龙炳文译著《古老话》	第六十七至六十八段重现了关于"去秋场"的珍贵片段："走出鼓响热闹地要去秋场听歌唱，秋场歌声震天际，女唱男对热闹很，八人秋像八只鹰。"
湖南人民出版社 1986 年 12 月出版	石启贵著《湘西苗族实地调查报告》	"年年举行，但此秋千有年秋、节秋、场秋三种……节秋以立秋日行之。"

在近代关于少数民族研究资料中，我们可以了解到当时赶秋及形成的大型节日，只是以娱乐休闲的方式传承着。而至新中国成立以后，在政府的组织下花垣县麻栗场举办了第一次正式的赶秋节活动，而后每年立秋时节，当地以政府筹备和民间自发的形式延续着这一活动。"文革"时期，一度停止赶秋，但在"文革"结束后，这一习俗又很快恢复，并且规模和影响力也不断扩大。进入 21 世纪，在当地政府的扶持下，将赶秋节与商贸旅游相结合，并品牌化，使这一习俗在现代化冲击和影响下依然能繁荣生长。

2. 习俗内容

苗族赶秋习俗丰富多样，主要可分为迎秋、祭秋、送秋三个流程，主要活动有巴代祭祀、喜庆迎秋、荡八人秋、闹秋展演、送秋仪式等。

表 1-17　苗族赶秋习俗内容

主要仪式	具体流程
巴代祭祀	祭秋、祭祖
喜庆迎秋	打苗鼓、燃放爆竹
荡八人秋	荡秋千、唱苗歌
闹秋展演	接龙、上刀梯、歌舞
送秋	送秋神

（1）巴代祭祀

祭秋　秋场中央的篝火熊熊燃烧，伴随着火焰燃烧的是热情似火的打鼓舞。

图 1-51 祭秋

五位身着红色法事服饰的巴代扎吹响三下牛角，领头巴代扎手扶龙头杖，打着手诀请秋神。巴代扎们按顺时针方向、二十四节气顺序走秋场（图 1-51）。之后，领头巴代扎和跳绺巾舞的四位巴代扎走到秋公秋婆像前，环绕一圈回到原位，行跪拜礼。拜完后，分别以五行方位站立，打着手诀，念着口诀，再以"三拜九叩"绺巾舞庆贺秋公秋婆的到来。最后所有巴代扎打着绺巾叩三拜，礼毕后退。三下牛角声后，巴代扎们按逆时针方向走内圈，并向秋公秋婆敬奉三次，以求秋神保佑来年岁稳年丰、四季平安。紧接着巴代雄从春走到秋，走到秋的位置再走进内圈的八卦图，在东南西北四方停下。这时领头巴代雄摇着铃铛，口念咒语，继续请神。当秋公秋婆请到位后，巴代雄们开始向秋公秋婆哼唱祭词，敬三次酒。敬完酒后，巴代雄点上香烧纸，送走秋神，祭秋结束。

祭祖 祭秋结束后，紧接着祭祖开始。祭祖正式开始之前，负责祭祀仪式的巴代扎们门前拦下宾客们，要求饮拦门酒听拦门歌，之后再跨过摆放的钢刀，寓意着跨过艰难，顺风顺水。巴代扎们给蚩尤上香后，祭祖正式开始。领头巴代扎向指定的方向跳三次绺巾舞：蚩尤方向两次，背对蚩尤一次。其他的巴代扎们跟着哼唱祭歌，一边用师刀抵着牛角，一边跳绺巾舞，以此邀请祖先和神灵到来。接着献上祭品，领头巴代扎做出"大金刀、小金刀、三金刀、阴火阳火、有车当车"等手诀送别神灵，手持马鞭、祖师棍向蚩尤行三拜九叩之礼，边叩拜边颂唱，最后所有巴代扎们上前祭拜。

（2）喜庆迎秋

打苗鼓 赶秋仪式正式开始时，秋场上严阵以待的鼓手们便以欢快的节奏

图 1-52　打苗鼓

敲响苗鼓（图 1-52）。打苗鼓是赶秋中十分精彩的部分，苗族女子以舞蹈的动作敲击着鼓面，鼓声铿锵，场面十分壮观。打苗鼓种类很多，不同节日会配合不同的节奏敲击出多样鼓声。苗鼓在苗族部落中的地位非常高，被视为一个部族的象征，苗民视其为与神灵沟通的信物。在苗家的佳节庆典中几乎都能看到打苗鼓的身影，人们以欢快的鼓声抒发自己内心的喜悦。

燃放爆竹　以此来迎接秋天和宾客的到来。

（3）荡八人秋

荡八人秋（图 1-53）是苗族赶秋中青年人最喜爱的活动。相传远古苗族部落就已经出现立秋荡秋千的活动，而传承至今除了保留有驱邪法事的用处外，更多是娱乐作用。在八人秋架上，分别坐着四男四女，秋架旁站着秋公、秋婆两位老人。秋公秋婆念开秋诗、唱开秋歌后，随即转动秋千进行"开秋"。当上下摆动的秋千停下后，停留在秋千最上端的就要唱歌，而且要唱到大家满意为止。

（4）闹秋展演

接龙　当秋场开始祭祀仪式时，由巴代雄带领

图 1-53　荡八人秋

的另一队人员则前往布置好的"龙穴"接龙。整个流程可分为请龙、接龙、安龙。巴代雄来到水井边，手摇铃铛，口念咒语，请龙出洞。一旁的苗族女子撑着油纸伞，分列在水井两旁。巴代雄舀一碗水、捉一只虫，就表示接到龙了。接到龙后，巴代雄再领队进入秋场中心，人群跳起接龙舞以完成安龙仪式。（图1-54）

图1-54　接龙

上刀梯　在赶秋节上，上刀梯是不可缺少的传统节目。在开阔的平地中央竖立一根三丈高的杉木杆，木杆两侧安插着36把长马刀，杆顶上竖插一面深黄色的旗帜。表演开始后，表演者赤脚踩着刀刃顺梯而上，还要在刀梯上表演倒挂金钩、大鹏展翅等动作，令人惊心动魄（图1-55）。

图1-55　上刀梯

歌舞　祭秋结束后，巴代们离开秋场，随即歌舞队在秋场上表演苗家歌舞（图1-56）。歌舞有反映苗家青年男女谈情说爱的《边边场》、描述苗族先人打猎的柳叶舞、重现苗族迁徙之苦的都乐舞等，它们独具民族特色，精彩纷呈。

（5）送秋

送秋就是在祭秋仪式结束后，巴代们通过赞唱秋词、打手诀、三敬酒的方式，将请来的秋公秋婆、蚩尤等众神灵和先祖送走。

图1-56　歌舞

（七）安仁赶分社

安仁赶分社是一种人们在春分时节去湖南郴州安仁县城集会、祭祀神农，进行谷种、耕牛、犁耙等农具和中草药材交易的古老习俗，民间又称"药王节"。据传炎帝神农氏曾在安仁一带尝百草、医治疾病、研制农具，教化民众开荒耕田。后人为了纪念他，便修建庙宇供人祭祀，朝拜者络绎不绝。当地人一直有"择社日祭神以祈谷"的习俗。

1. 历史源流

安仁赶分社习俗最初在宋代以官方组织的形式确立下来，每年的春分日举办活动，祭祀神农，并聚集于市供百姓交易。至明清时期，赶分社活动更是到达了发展的高峰期。"大跃进"和"文革"时期，该习俗一度中断，神农庙宇也被破坏。进入 21 世纪后，安仁人重修庙宇，恢复了这一传承千年的习俗。

表 1-18　安仁赶分社历史源流与发展

时期	文献来源	内容
宋		宋乾德三年（965）建安仁县。宋咸平五年（1002）徙县治于香草坪。知县定每年春分日在县城南门州上香草坪药王庙赶分社，为期三至五天，以草药交易最为特色。
清		康熙二十年（1681），知县陈黄永重修了神农殿，增设了药王庙。史书记载古时药王庙为一座方形古建筑，坐西朝东，东面为一石拱门，五级台阶，堂上供奉木雕炎帝塑像。
清	《安仁县志》	"择社日祭神以祈谷""春分为期，香草坪为所，致天下之民，聚天下之货，交易而退，各得其所"之盛况。

2. 习俗内容

安仁赶分社是集祭祀、集会、娱乐、交易于一体的民间民俗活动。

表 1-19　安仁赶分社习俗内容

主要仪式	具体流程
祀神祈谷	鸣炮起乐、焚香上贡、献谷草、供三牲、读祭文
集会演出	走亲访友、文娱活动、放河灯、展演戏剧、赶场交易
春分开耕	上贡品、诵祭文、开春耕

（1）祀神祈谷

祭祀当天，安仁县百姓早早地就汇集在神农殿，祭拜神农氏。祭祀有官方和民间两种，官方祭祀由政府官员主持，民间祭祀由道长主持。仪式开始由装扮"仕女"的工作人员上香、上贡、起乐、献谷草，并以传统乐曲伴奏；之后由当地官员宣读祭文，祭拜炎帝神农，缅怀其"制耒耜奠农耕基础，尝百草开医药先河"的丰功伟绩，祈求神农保佑风调雨顺、人丁兴旺、五谷丰登，祈求国泰民安、人丁康乐。礼成之后，人们自由祈愿。（图1-57）

图1-57 祀神祈谷

（2）集会演出

春分社日期间，会邀请各路民间艺人和戏班子演出，如唱社戏、踩高跷、玩杂耍、走旱船、演布袋皮影戏等（图1-58）。到了晚上人们在永乐江河畔放河灯，寄托对故人的思念和对美好生活的祝福。

图1-58 集会演出

（3）赶场交易

祭祀结束后，当地市场便开始赶集交易。安仁自古是中草药的集散地，每年春分前后，各地药商云集于此，竞相交易，形成远近闻名的药市，已有千年的历史，堪称中国历史上最早的药市。（图1-59）

图1-59 赶场交易

（4）春分开耕

春分开耕（图1-60）也分民间自发和官方组织两种形式。最初开耕地定在南门州旁的水田，现代开耕仪式基本上延续了古老的传统。开耕仪式上，十里八乡的百姓献上五谷、三牲供品，年长者朗诵祭文，祈祷风调雨顺、五谷丰登。负责开耕的人一般为长者或者县衙官员，带上斗笠蓑衣，撸起

图1-60 春分开耕

设计中节气文化的活态传承

裤腿赤着脚，牵着一头脖围红绸的黄牛，掌犁开耕，春耕春播开始。

民间在开耕之前，每家每户都会在"赶分社"的时间里，购买、交换，采集草药，再根据民间土方配方一起放入陶罐炖猪脚熬成药膳，吃了能"驱寒壮骨、不怕水冷泥深、不易患风湿"，方可春耕。

（八）平乡立夏冰神祭

冰神祭祀又叫祭冰神、祭冷神。它是平乡县后张范村一项民俗祭祀活动。每年的立夏日，立夏处于"迎夏之首，末春之垂"。当地常年受冰雹灾害之苦，为此村民每年立夏自发组织起祭祀一百零八位龙王的祭祀活动，向神灵祈求风调雨顺、作物丰收，免受冰灾之苦。与之前提及的祭祀活动相似，该祭祀仪式也包含了请神、敬神、求神、娱神再送神等一系列流程，并融入了平乡当地的地域文化特色。

1. 历史源流

关于该活动的历史源流没有确切文字记载，但根据相关清末民初的县乡、村里老会首以及当地"龙神会"的记载和陈述，祭冰神仪式在后张范村也有近两百年的历史了。在"龙神会"记录"立夏祭冰神"习俗活动事务的手抄本《龙神会》的经文中提及了明代万历年间有关乞神免降冰灾的故事。如今这项习俗依旧在每年立夏时节延续着，并被列入河北省邢台市非遗项目名录。

2. 习俗内容

整个祭祀仪式从准备到完成大概需要七天时间，即立夏的前三天后四天。正式仪式在立夏当天开始，前三天为祭祀布置场地、请神像、请"功"和神楼，以及请龙王入神棚。按照祭品的不同，当地的冰神祭祀又分为活祭和面祭，即用活贡品或面贡品。

冰神祭典仪式由身穿做法服饰的鸣、通、引、亚四名礼宾先生主持。"鸣"礼宾负责引领众人到指定的位置；"通"礼宾负责指挥众人行跪拜礼；"引"礼宾负责跪拜上香，行初献、亚献、终献之礼；"亚"礼宾诵读祭文。主要的流程如表1-20。

表 1-20　平乡立夏冰神祭习俗内容

主要仪式	具体流程
祭前	取水、道士请神
祭祀	念诵祭文、上供转供、"喜好"敬神、沿街祈福、火祭

（1）准备阶段

立夏三天之前会在村子通告栏处贴公告，告诉村民注意事项和习俗的日程安排。之后村民便自发组织搭建神棚，打扫家庙，准备供品、供桌（图1-61）。同时请来神像，将各家"花花好"准备好的"功"、神楼请到神棚。道士、"花花好"们及会首在村口路口请回河海龙王。最后村里邀请乐团进行戏剧展演。

（2）祭祀仪式

首先由会首带领道士、"花花好"到指定的水井，诵经祭酒，取水请泉水龙王。回到神棚后，法师将水分倒入各龙王神位前的杯中，再用柳枝挥洒坛场。道士再诵经文，赞扬东岳大帝、龙王等神灵。当地人将秧歌等文艺表演者称为"喜好"，"喜好"来到神棚上油钱转供、升供。祭祀结束后，由道士带领众人抬龙轿从神棚出发西行，沿周围村落环绕一圈，沿途让村民敬献神灵（图1-62）。最后举行会坛仪式，将"一坛功"烧掉，并入坑填平。

图 1-61　祭坛

图 1-62　沿街巡游

（九）半山立夏节

《月令七十二候集解》："立夏，四月节。立字解见春。夏，假也。物至此时皆假大也。"立夏是春夏交替的节气，这时气温开始由春暖转入夏热，天地万物开始快速生长。半山立夏是杭州半山地区民众在立夏节气前后的送春迎夏民俗活动，人们祈愿在即将到来的炎炎夏日里祛暑消灾、平安健康。

1. 历史源流

半山立夏习俗作为"二十四节气"的重要组成部分，2016 年被联合国教科文组织列入人类非物质文化遗产代表作名录，2020 年被列入全国第五批国家级非物质文化遗产代表性项目名录。

表 1-21　半山立夏节历史源流与发展

时期	文献来源	内容
北宋	《杭州府志》	时值金兵，神尚属闺女，避乱郊野，饥寒迫切，狼狈而殒。里人怜其捐躯守志，葬于皋亭之半山。金兵长驱南逐，康王奔逸，夜梦神曰：王但前，吾当助阵。明日接战，忽狂风大作，向北扬沙，金人目尽瞽。宋兵鼓勇前追，俘斩无算。高宗即位，首崇祀典，敕封撒沙护国显应半山娘娘，立庙塑像。
清康熙年间	《杭州府志》	"新茶、新笋、朱樱、青梅等物，杂以枝圆枣核诸果。"
清嘉庆时期	《余杭县志》	"立夏之日，以樱桃、新茶荐祖庙，杂以诸果各相馈遗，谓之立夏茶，乞邻麦为饭，云解疰夏之疾。"
民国时期	《德清县志》	"立夏日，群儿最乐，有就野煮饭，饭后称人之举。成人咸赞助之，故权体重不限于儿童。"
	《乌青镇志》	"募米拾柴作野灶炊饭，名野火饭，食之云可身健。"

2. 习俗内容

半山立夏节是半山世代相传的习俗，融合了丰富的体验活动。（表 1-22）

表 1-22　半山立夏节习俗内容

主要仪式	具体流程
仪式准备	仪式彩排、派送节气美食
祭典仪式	送春、迎夏、
传统民俗活动	吃野米饭、吃乌米饭、称人、斗蛋、串豆、农具展
现代文体活动	半山娘娘庙会、书法表演、跑山迎夏活动

（1）仪式准备

"送春迎夏"仪式开始前，参与人员就早已开始了庆典的节目彩排。乌米饭等立夏节气美食也已准备好，发放给各社区民众食用。人们都积极踊跃地为仪式贡献自己的力量，以确保活动顺利展开。

（2）"送春迎夏"祭典仪式

"送春迎夏"仪式由送春和迎夏两部分组成。祭祀队伍中心立着大纛旗，"送春"姑娘、蚕娘队、食盒队等从内向外呈圆形站列，后方跟随着身着节气礼服的 24 位陪祭人员。送春开始后，送春队伍先在半山公园集合，举行简单仪式。主持人介绍了仪式内容后，大纛旗开路，一路巡游，队伍向半山娘娘庙出发。

送春后，进行迎夏祭典。主祭人念诵祝愿词，其他人员向半山娘娘送上供品，点烛上香、斟酒祭拜，恭请神灵。主持人先带领民众，向炎帝、祝融、半山娘娘行礼。行礼后，主祭人焚烧香纸，以示送别先祖。仪式最后，祭祀人员向在场的儿童分送桑蚕幼虫，并将各种美食分发给民众，表达美好的祝福。（图 1-63）

（3）传统民俗活动

半山立夏习俗保留了许多传统立夏节气民俗，主要包括吃野米饭、吃乌饭、称人（图 1-64）、斗蛋（图 1-65）、串豆、农具展等。

（4）现代文体活动

半山立夏习俗在继承传统的基础上，还进行了创新，包括融入了非遗集市的半山娘娘庙会、书法表演以及贴近城市居民生活的跑山迎夏活动。

图 1-63 送春仪式

图 1-64 称人

图 1-65 斗蛋

（十）台州送"大暑船"

每年小暑到大暑节气浙江椒江葭沚都会举行送"大暑船"民俗活动，以独有的方式祈祷来年风调雨顺、国泰民安。

1.历史源流

明代时期，葭沚渔民深受沿海倭寇的侵略、劫持，甚至杀害之苦。传说有一次，倭寇又来打劫之时，忽然海上出现一只富丽堂皇的神船，船上有着精良的神兵队伍，骁勇善战的神兵把倭寇们打得落花流水，然后在一阵光亮中神船消失远去，原来这就是五圣爷手下的神兵神将，这只船就叫作大暑船。渔民们感激不尽，立刻跪下叩拜，从此以后，该地就有了送大暑船的习俗。

表1-23　台州送大暑船历史源流与发展

时期	文献来源	内容
汉	《后汉书·礼仪上》	"是月上巳，官民皆洁于东流水上，曰洗濯祓除去宿垢疢为大洁。洁者，言阳气布畅，万物讫出，始洁之矣。"
宋	范致明《邱阳风土记》	"民之有疾病者，多就水际设神盘以祀神，为酒肉以犒榷鼓者。或为草船泛之，谓之送瘟。"

2.习俗内容

"送大暑船"活动不仅是二十四节气农耕文化和椒江地方文化共生演化的载体，寄寓了当地百姓"驱除邪祟、祈求平安"的愿望，反映了他们顺应自然、敬畏自然、与自然和谐相处的愿望。

据悉，"送大暑船"具体内容分为做船、迎圣、请酒、娱圣、送圣、祭海等环节活动。（表1-24）

表1-24　台州送大暑船习俗内容

主要仪式	具体流程
节前准备	做船、迎圣、娱圣、请酒
正式仪式	送圣、祭海

（1）做船

大暑船内除了设有神龛用来供养五圣神灵外，还配有炮兵、水手等人员的模型，并为他们准备了各种缩小版家具，如床、柜、灶台、桌子等，惟妙惟肖。在大暑船的外部，百姓们使用小彩灯、绘画等形式等对船身进行通体装饰，表现了他们对大暑船的敬仰和美好的希望。（图1-66）

（2）迎圣

大暑船准备完毕后，首先举行"迎圣"仪式。一般在早晨开始，先按照特定的顺序将"五圣"和"杨府爷"的神像请出，放置在托盘上，待朝神像作揖三次后，再由几名大汉将托盘高举过头顶并将其安放入轿中。把"五圣"神像请回到五圣庙后，与其他神像一起供奉在五圣庙的大殿中，接受香客的朝拜。（图1-67）

（3）娱圣

娱圣是在接回"五圣"后，当地百姓到庙里来叩拜祈福，把礼品供奉给"五圣"，以祭告神灵，祈求消灾赐福。在五圣庙内所做的道场多由道士主持，会吟诵《瘟司御灾治病宝忏》，并一直持续到大暑日当天。

小暑后五日开始，举办方请来有名的戏班演戏，演上十天十夜，让庙会节日气氛更上一层楼。（图1-68）

（4）请酒

请酒就是请客喝酒，只不过是神仙请神仙喝酒。在小暑和大暑这半个月内挑选一个良辰吉日作为请酒日，人们从集圣庙出发，以"本保爷"的名义作为东道主，一路敲锣打鼓，前往五圣庙接神仙过来做客喝酒，表达了人们对生活的美好期许。

（5）送圣

大暑日当天上午十一点左右，五圣庙清场完毕后，大暑船就要登场了。

图1-66　做船

图1-67　迎圣

图1-68　娱圣

十几个壮汉将大暑船抬到庙门口的拖车上，然后请"五圣"老爷、"杨府爷"和"本保爷"神像上轿子，之后将七顶轿子依次抬出，各路表演队伍紧跟其后。（图1-69）

（6）祭海

待所有的游行队伍来到江边时，祭海正式开始。"祭海"的祭台上摆放各类供品、香烛和其他仪式用道具。大暑船准备完毕后，庙会总指挥陆续从小轿中把"五圣"神偶和"杨府爷""本保爷"的牌位请出来，供上祭坛。（图1-70）

图1-69 送圣

可以说，除了上述的十个节气习俗节日以外，在全国各地至今依然保留着大量的习俗事项。如潮汕、四川地区（中原地区）的打春牛，当地人以鞭打春牛的形式迎春策农，与九华立春祭和班春劝农活动中的鞭春牛仪式不同的是，这里的"春牛"是用冬至节后辰日的土塑成，其身形尺寸都有特殊的寓意。再如潮汕地区的"抬春色"活动，据《粤游小志》载，自清朝开始这一习俗就已出现。其表演形式则是两个人抬着装扮歌伎的妙龄女子行走，沿街巡游，称为"抬春色"。又如中国北方沿海地区，当地渔民会在谷雨这一天举行盛大的祭海仪式，又称为"壮行节"。

图1-70 祭海

二、二十四节气习俗的主要文化特征

在漫漫的历史长河中，中国传统民俗节日作为我国农耕文明的伴生物，经过不停的演变、整合、发展，逐渐形成带有浓厚农业文明特点的，且综合复杂的节日文化。二十四节气就像种子，散播在中国这片广大的土壤中，生根发芽，吸收着不同地域的民俗文化，与之融合且不断成长，逐渐在各地形成了集多种民俗文化为一体的民俗节日。本节围绕节气习俗展开民间信仰文化、农耕生产文化、民间艺术文化等研究，对上述节气民俗活动中的文化内涵进行梳理，探索民俗活动背后所蕴含的文化特征，为文创产品设计开启创新之门。

（一）九华立春祭文化特点

立春既是新一轮节气轮回的开始，也是新一年农忙的开始。在立春这天人们为了庆祝春天的到来，举行着各式各样的庆典仪式。而在九华立春祭节日活动中，人们以敲锣打鼓祭祀句芒春神，祈求作物丰收；以鞭打春牛、开耕仪式等活动开启新的一轮耕种；同时举行如送春牛图、敬土地、迎春、探春、咬春等传统立春习俗活动，以迎接春天的到来。

而立春祭祀活动因是农耕文明的产物，更是与农耕文化密不可分。在九华立春祭的活动当中，多以祭春神、鞭春牛、送春牛图等具有象征性的农耕活动，劝农遵农时行耕种，并开启新一年的农事。

九华立春祭仪式上展示着各式各样的民间艺术文化产物，如祭春仪式上主祭唱的祭词，词曲均是民众所作，歌词内容也贴近生活。鞭打春牛仪式中的纸牛，也是民间工匠的成果。在祭春仪式中，人们沿街舞龙游行、邀请民间戏剧班子表演节目等活动。这强化了人们庆典的娱乐性，也成为当地民间艺术的博览会。

（二）班春劝农文化特点

在农耕文化的影响下，遂昌地区自古就有立春劝农的习俗。班春劝农活动与九华立春祭相似，都是于立春之日以盛大的仪式典礼迎春劝农。《事物记原》中记载："周公始制立春土牛，盖出土牛以示农耕早晚。"自周朝开始，历代封建统治者在这一天都要举行鞭春之礼，开启一年的耕种。历年班春劝农仪式中，当地行政长官都要出席劝农仪式，手持鞭条，抽打手工制作的春牛，颁布春令，劝农耕作。

班春劝农仪式中除了祭祀句芒春神以外，还加入祭祀神农氏的仪式。相传神农氏为解决百姓治病温饱问题，尝遍百草，发明了耒耜等农具，带领人民耕种五谷。因此其自古被认为是华夏农耕文明的先祖，后世人民将其供奉起来，每逢节日前往祭拜，以示尊敬。遂昌县选择在立春这天祭祀先农、春神句芒，感恩先祖神灵，并祈求来年丰收。鞭春牛仪式中，纸质的春牛也饱含人们的信仰，鞭笞春牛更是一种象征，代表春牛赐予丰收。班春劝农仪式中同样展现着众多民间艺术，有手工艺品、舞龙、舞蹈、祭春词等。

（三）石阡说春文化特点

不同地区迎春劝农的方式各有不同，如九华地区以祭春神为主，遂昌地区以颁春令、祭春神的形式迎春劝农，而石阡地区则以春官上门说春的方式，告诉农民春天来了，要准备开始新一年的农事，并交予印有新一年时节的春帖，让农民耕种不误农时。在石阡当地，每逢立春节气春官就会手持春牛棒、春帖、春牛等用具，走村串寨地以说唱的形式向人们传播农时节气，报送吉祥祝福。

上门说春仪式中，春官采用请神、祭神、送神的形式，表达了当地民众对神灵的信仰和崇拜。其说春用具都有其特定的含义，蕴含着百姓对自然神灵的信仰，也代表了殷勤劳动人民的愿望，是我国传统文化的良好传承。春牛是一男童骑在牛背上的形象，相传背上的男童是掌管天地的神灵"三皇爷"。春牛棒又与"打春"有关，春官持春牛棒也寓意着敲打、提醒民众，别误农时，按时耕种。

说春实为产生于农耕时代的一种传统民间说唱习俗，为传统民间曲艺中的说唱艺术。其历史悠久，唱词内容丰富，题材广泛。说春唱腔是一种介于说与唱之间的半说半唱形式的吟诵性唱腔，其特点为字多腔少，节奏旋律性不强，一般为两人对唱或一人独唱。说春的唱词内容大多来源于当地生活、民间传说、农事活动等。春帖内容是根据千百年的科学经验总结出来的规律，用以指导农事，体现了古代人的智慧和精湛雕刻技艺。

（四）三门祭冬文化特点

冬至节又称冬节、交冬。从周代起就有相应的祭祀活动，宫廷和民间对冬至节历来十分重视。《周礼春官·神仕》有："以冬日至，致天神人鬼。"其目的在于祈求与消除国中的疫疾、荒年与战乱。冬至祭天拜祖延承至今日，以民间组织的祭冬活动为主，去除其中的政治意义，保留了对美好生活的愿景。三门地区的祭冬仪式从现存古籍记载来看，自清朝康熙年间开始，已传承数百年，保存至今的大量传统习俗，是冬至节气民俗的重要代表。

远古时期，古人面对无法解释的现象，以鬼神之说来解释。人们将鬼神划分为天神、地祇、人鬼三类，并且认为鬼神主宰着自然，能够决定人们的命运。而在祭祀活动中，天神、人鬼为祭拜的主要对象，人鬼即去世的先人。他们认为天神和祖先可以降祸或赐福于子孙，于是在节庆仪式上采取祭祖拜神的方式敬畏感恩神灵。三门祭冬仪式中以取龙泉水，向龙神祈福家族兴旺。祭祖拜天仪式是节日中的主要活动，祭天即祭祀天神，祭祀上天，表达了向上天祈求风调雨顺、丰衣足食的朴素愿望。拜祖即祭拜祖先，缅怀先祖。这既是祈求祖先保佑子孙兴旺，亦是饮水思源，因孝敬而祭祖。

（五）壮族霜降节文化特点

霜降处于秋季和冬季相交之际，也是由秋收到冬藏的过渡。为了应对这种气候的变化，霜降时节人们素有赏菊、吃柿子、爬山登高、滋补驱寒、祭祖扫墓等习俗，而壮族霜降节更多的是宴请亲朋、休闲娱乐、祭祖祈天等习俗。壮族霜降节最初与稻谷作物的生长规律有关。广西一带稻米多为一年两熟，霜降时节正值晚稻丰收之时，这时壮族民众停止了一年的农忙，开始利用农闲交友、走亲戚、对歌看戏、买卖商品。而后规模不断扩大，逐渐演变成了节日习俗。

壮族霜降节期间民众会聚集起来，以传统祭拜的仪式酬谢自然之神，既是感恩神灵过去一年的保佑，也是祈祷新的一年能够继续庇佑人们。人们将自然现象神化，并作为群体性信仰进行祭拜，这是民间信仰的一大特征。不同地区会从独特的价值判断出发选取属于当地的民族英雄，并在历史长河中逐渐形成对民族英雄的神化与崇拜。而民众对民族英雄的崇拜，成为生活在这一地区族群的文化性格，更是促进壮族霜降节产生的内在动力。

壮族霜降节作为民间艺术文化展演的大舞台，为青年男女交友提供了一个平台，年轻人在这里以对唱山歌的形式会友结朋，形成著名的"霜降歌圩"。传统的霜降节都有舞龙舞狮、斗鸡耍猴、对歌唱土戏等活动，结合现在的娱乐活动，使得壮族霜降节更显精彩。

（六）苗族赶秋文化特点

立秋是进入秋季的第一个节气，是作物结束夏长进入秋收的时节。立秋前后也正是中南部地区早稻收割、晚稻移栽、秋季作物繁茂生长的时期，人们十分重视这个节气。周代天子会亲自带领众大臣，前往郊外祭祀迎秋。而在少数民族地区，立秋庆祝活动则更具民族性，其活动事项也更具本民族特色。在立秋这天，湘西苗族居民会放下手中的农活，举行盛大的祭祀活动，祭拜掌管秋天的"秋公秋婆"和先祖蚩尤，表达感恩和敬畏之情。这时人们会穿上封存已久的节日盛装，从周围的村寨汇集到秋场，以荡八人秋、舞狮子、耍龙灯、打苗鼓、上刀梯等民族活动，庆祝这一节日的到来。

苗族赶秋这一习俗的起源，包含着神农信仰、民间神话传说等民间文化，并延伸出了许多民间活动。祭秋仪式中，苗民用复杂的流程来祭奠先农和"秋公秋婆"，并不断加入新的民间传说，为节庆活动添加了更多神秘的色彩。

苗族赶秋节既是人们感恩神灵和欢庆佳节的活动，又是苗族民族艺术的展演舞台。在赶秋节上我们可以看到激昂的打苗鼓、喜庆的苗族舞蹈、惊险的上刀山等，还可以参与独特的荡八人秋。人们都穿上了苗族服饰，巴代们纷纷换上了专门的服装，别具一番风味。

（七）安仁赶分社文化特点

安仁赶分社作为春分节的习俗，将民俗与二十四节气文化融合在一起，形成了一种独特的民族民俗传统节日文化，已经成为安仁的根基和标志。古时又将春分日和秋祭日统称为"社日"，主要祭祀土地神。在周代，社日祭祀被列入国家祀典，土地神是国家的主神，祭祀仪式代表着国家政权，并对祭祀活动进行了制度化的规范。安仁赶分社在春分节这一天，举行祭社神仪式、杀猪宰羊祭天地献酒、赶场交易、交流农事经验、观看社戏、缅怀先祖等活动。

炎帝神农是我国农耕文化的开创者，是华夏始祖。据考证，炎帝神农在郴州地界内的安仁、株洲炎陵等地生活过，最后炎帝安葬在炎陵与安仁的交界之处，由此在安仁流传着许多关于炎帝神农的神奇故事。安仁人一直信奉着神农精神，社日当天祭祀神农的活动顺应民意，表达了人们对神农功德的深刻缅怀。

炎帝神农不仅是我国农耕文化的开创者，同时也是医药文化的开创者。安仁亦然成为一个中草药汇集地，被外地人称为"南国药都"。

安仁因其温暖湿润的气候，多山丘河谷的地理环境，给农作物以及中草药的生长提供了良好的生态条件。安仁一直以来都是农业大县，主要以种植水稻、油菜、豆子等农作物为主，其中米粮是安仁经济来源的最大支柱。因此，每年春分节气，万物复苏之际，安仁人都会举行春耕仪式，祭拜神农，以求全年风调雨顺，五谷丰登。

安仁本身就具有丰富的民间文化资源，再加上每年春分时节，人流密集，外来人口增多，也带了不少文化资源。民间文艺演出有踩高跷、唱社戏、演皮影等；民间艺术展示有根雕、米塑、剪纸、陶艺等；民间小吃有烫皮、鸡婆糕、米豆腐等。在夜晚也有放河灯的活动。

"赶分社"习俗来源于炎帝神农的系列传说，安仁赶分社的核心文化精神，就是一直所奉承的延续千年的神农文化。对于安仁本地先民而言，这一活动的举行提醒人们时刻牢记"二十四节气"中天象、气温、降水和物候对农耕以及日常生活的影响，警醒人们自发地保护自然，关注人与自然的和谐相处关系。

（八）平乡立夏冰神祭文化特点

立夏是春季与夏季相交的时节。立夏到来也就意味着夏季的到来，此时各地举行迎夏活动。在河北邢台平乡，当地民众却举行着独特的立夏冰神祭活动。据传以前当地立夏时节经常下冰雹，毁坏了许多庄稼作物，后来当地人便在这天设祭坛、祭冰神，至今一直沿袭了两百多年。

河北邢台东部乡村一直以来就盛行着多种神灵、宗教的民俗信仰行为，方言称之为"花花好"。"花花好"的信仰不归为某一个宗教，而是信仰道教、佛教及地方民间神灵。这样别具一格的信仰方式使得当地节庆方式也十分有特色。节日祭祀之前，妇女们会剪制各类彩色套贴剪纸，制作成"功"。在"立夏祭冰神"习俗中，"做功"的剪纸艺术主要有香伞、神楼、通天旗、一坛功等类型，各有其独特的制作工艺和寓意。"功"是献给神灵的礼物，待立夏冰神祭仪式当天，各家各户会将神像、"功"、幡旗等请到神棚，进行祭祀焚烧，并且会请道士作法，进行请神、娱神、敬神、送神一系列法事。"做功"的剪纸不仅成为信仰祭祀空间的代表象征，同时，也是村社每个家庭与神沟通、敬祭、实现吉祥心愿的重要渠道和手段。

从这种祭祀活动的产生和发展来看，其是与当地的农业生产环境、民间宗教信仰以及村社组织结构高度相关的。

（九）半山立夏习俗文化特点

立夏，万物进入茁壮生长阶段，杭州半山地区，每逢立夏人们就会举行送春迎夏的活动，如称人、斗蛋、吃乌米饭、吃野米饭等。立足于传统的基础上，半山立夏活动也融入了新时代的跑山、庙会活动。

半山娘娘是杭州地区的民间信仰。宋朝政和年间，有位姓倪的姑娘擅长种桑养蚕，并育有一只护蚕猫。相传当年赵构逃至杭州，被她用聪明才智救下，后宋高宗在皋亭山西南坡半山腰上建"撒沙护国显应半山娘娘庙"，来纪念这位倪姓姑娘（撒沙夫人）。而后当地为了纪念这位半山娘娘，将立夏祭祀场所设在了半山娘娘庙内。在半山立夏节活动中也可以看到对半山娘娘和祖先祭祀信仰仪式，立夏节在半山娘娘庙内举办，最初也是借助娘娘庙庙会的名义，吸引更多的民众前来参与，这也使得节气民俗与信仰的力量巧妙地交融在一起。

（十）台州送大暑船文化特点

大暑是夏季的最后一个节气，也是一年中最为炎热的节气，多地有三伏天饮茶、烧伏香、晒伏姜等习俗。在浙江台州地区更有大暑时节"送大暑船"的习俗，以此祝福人们安居乐业、幸福安康。

古人将"五圣"视为当地带来疫病的凶神，便在葭沚江边建五圣庙。在清朝时，葭沚一带大暑时节常常发生疫病，人们则认为是五圣招致的。于是在大暑时节，周围乡人纷纷来还愿供奉，之后将装满供品的渔船沿江送至椒江口外，为五圣享用，以消病祛灾。而到后来，节日中又加入了击退海盗的神秘传说。如今，送大暑船已发展成了民间信仰浓厚的节日庆典。送大暑船仪式中，大暑船由当地技艺高超的造船工人精心打造，装饰繁复，颜色丰富艳丽，并设有各式模型，具有独特的民间艺术风味。

中篇

节气文化创意产品的专题探究

第二章 节气文化创意产品的结构组成研究

　　二十四节气的"申遗"成功，使这一影响我国几千年农业文明的传统文化再次成为热议话题。各行各业也围绕此话题展开诸多讨论与尝试，并与相关载体联系来呈现节气文化的魅力，尤其在与大众生活息息相关的设计领域，其借助科技力量与多样载体呈现出节气文化的新表征，提高了节气文化出现在大众视野的频率。从主题空间到艺术装置再到生活产品，处处能看见节气文化的影子，旅游纪念产品设计更是将节气文化提升到了新的高度，走上了"文化搭台，经济唱戏"的文旅融合之路。但同时过分追求物质利益也产生了诸多不可回避的问题：产品同质化严重，文化显现度较低，形式内容单一化等，这些问题严重阻碍了节气文化走向更高层次的面貌展现。因此，节气文化的表达方式与呈现途径，还需借助设计的力量才能极大地体现其文化内涵，保持可持续"活性、活态"发展。

　　中国传统节气文化以自身独特的美感价值体现出时间知识体系的规律性和逻辑性，反映了丰厚的自然地理与历史文化等知识，为农业生产生活提供了与自然合一的便利，同时也为文化创意产品设计的内容与结构提供了新的方向与视角。面对新时代下的多样需求，在节气文化发展的语境之下，为更好地提炼、重构节气文化因子，需找出影响文化创意产品设计内容选择与价值判断的关键因素。因此，如何使文化创意产品在结构组成上能够有效编码与转换，成为设计意识创新的关键。

第一节　节气文化创意产品设计现状

一、节气文化创意产品设计存在的问题

节气文化创意产品设计结合了传统节气文化内涵与当下时代特征两方面的创意内容，是人类回味过去的农耕文化与体验未来生活相沟通的重要表达方式。当前一些文化创意产品，除了呈现传统节气元素的基础符号外，大多停留在固定的思维模式中，其内容构成方面存在以下几个问题。

（一）内容开放程度有待加强

随着时代发展与全球交流日益频繁，人们对具有文化涵义的产品有着更多元化的需求形式，以便在物质基础上丰富自身的精神生活。而当前社会在文化创意产品的开发应用方面陷入以下几个困境。

首先，产品开发具有单一性的问题。当下针对节气文化展开的种种创意设计，主要集中于插画和字体设计，其设计表现内容多关注不同节令的自然现象与特点，以实体型的产品创意开发较少，且品类的开发较单一。一些设计者因忽视消费者的切身需求，设计出的文创产品很难能进入市场，也难成为热门的日常生活用品。因此这种非亲民、实用性低的设计，往往造成产品无法融入消费者生活的尴尬局面。

其次，产品定位不具针对性。在产品设计初期，先要考虑到使用对象的需求，依据其喜好来设计符合他们的产品。而当下的许多节气文化创意产品似乎没有准确地定义消费群，也没有以使用对象的认知水平为基础来打造文创产品。另外，当前的文创产品消费出现两极化：一方面，设计独具创意且受大众喜爱的一部分产品因售价较为昂贵，超出了多数消费者的购买能力，而遭受弃购。另一方面，价格低廉的产品却因品质较差，没有创新性，限制了消费者的购买欲望。因而只有受众明确、价格合适、性价比高的文化创意产品才能获得市场认可，取得消费增长。

图 2-1 米奇老鼠形象

图 2-2 熊本熊衍生产品包装

最后，产品开发呈现盲目性。由于设计师的设计水平高低不齐，以及对节气文化内容认识程度不一，因而没有在节气设计方面形成较为成熟的高度共识。我国的节气文化创意产业链还不健全，包括前期设计构思、中期研发制作、后期文化传播等都缺少完整的计划。这也导致了文化创意产品因研发滞后却急于占据市场而显得盲目。另外，在系统性的设计过程中还存在意识落差，和国外的一些知名品牌的文化创意产品相比还有不小差距，像美国的迪士尼米奇老鼠形象（图 2-1）、日本的熊本熊衍生产品（图 2-2）等。这些优秀的文化创意产品均深度融合了本土文化，并被打造成为文化创意产业的"吸金点"。

（二）文化审美意识没有与时俱进

由于二十四节气是一种独特的时间经验框架和传统民俗文化，节气文化创意产品设计应该针对于此展开构思，充分展示节气文化的内涵特征。但是纵观当下的节气文化创意产品设计，其多停留于表达节气表层含义的元素形式上，对具体文化内涵所表达的意蕴无法完整呈现出来，从而导致了文化创意产品没有意蕴美感。这类设计仅仅把节气中的视觉图案和符号简单地添加到单一功能的生活用品上，视觉表现显单一，缺乏生动性，产品附加值较低。另外，有些产品缺乏新时代美感特征，设计表现还停留于多年前的审美水平，不符合现代的审美潮流。由于设计者对文化内容了解剖析得不够深入，对节气文化下的习俗活动、行为习惯和文化信仰中的节气文化因子的提炼与整合不够全面，最终使产品设计表达不出节气文化的魅力与美感。因此，节气文化创意产品设计不应只是对节气外表特征描述，还应加深对民俗文化的理解和思考，注入时代的审美特征，让产品焕发出新的风采。

（三）同质化现象较为严重

二十四节气文化体现了社会经济发展的文化意识，在不同地域的发展之下形成具有差异性的审美表征。俗话说："十里不同风，百里不同俗"，每个地区的节气文化语言都有其自身的特色，即使同一个节气，在不同的民族区域也会表现出不同的习俗活动和生活行为习惯。因而展开地域性的差异化文创设计，可催生文创产品的多样化。但就目前市面上的节气文化创意产品而言，围绕地域性特征来展现节气文化内涵的优秀产品是少之又少。大部分产品表现为"大家眼中"的二十四节气文化创意产品，而不是根据地域差异化的具身感受设计的产品，因而大众对现今文创产品的体验感弱，鲜少产生情感共鸣。另外，市场不正当竞争下出现的抄袭现象，让产品缺乏原创性，致使市场上的文化创意产品在设计内容、设计形式等方面有着较高的相似度，同质化严重。因此，节气文化创意产品只有基于本土原创性文化资源来展开情感性设计，才能激发广大消费者的购买欲，赢得未来的消费市场。

总的来说，节气文化创意产品的主要消费群体还是青年人及部分传统文化爱好者。这就要求其设计不能同质化，需要迎合当下年轻人的审美需求和时代要求。设计师应着重把二十四节气文化中的特色元素、故事等与当今有趣的、时尚的、体验的、科技的、生活的事物大胆结合，进而创作出符合使用对象审美的节气文化创意产品，并在增添产品功能性、实用性、趣味性等的基础上，将节气文创产品打造为传承中华优秀传统文化的最佳传播载体。

二、节气文化创意产品的传统内涵与设计价值

通过深入挖掘节气传统文化内涵与创意产品设计价值，并将两者巧妙融合才能创作出具有高附加值的文化创意产品，才能与现今市面上的同类节气文

化创意产品相区别。从文化内涵角度来讲，文创产品只有依托对传统文化的认同感与归属感才能保持生命力与活力。在人类社会历史发展中，"文化"是根，它作为人类的精神范畴，其内容是十分丰富的。当人创造了物质财富，人心中之"思"就随之上升为精神财富的满足感与相应的价值观，其中包含了宗教信仰的心灵体验活动、风俗习惯的现实情感、道德情操的伦理价值、学术思想的文学熏陶、文学艺术的审美意识、科学技术的意识追求等，这在一定程度上是人类生产生活的反映、行为活动的记录、历史发展的积沉。从创意产品的设计价值上看，文创产品是将无形的文化转化成有形的创新性实物产品，创意包括"新颖性"与"原创性"两个基本属性。设计师合理地发挥创新思维与智能编码思维，形成无形文化与有形产品的协同共生，促使整个设计过程发生了从"无"到"有"的根本改变。对于文化创意产品设计而言，其中的新颖性与原创性缺一不可，两者相统一才能传递出文化创新的设计魅力。

（一）节气文化创意产品的传统内涵

节气文化创意产品是集节气传统内涵与设计者创意灵感于一体的呈现交融式创新思维的衍生品，是节气文化融入产品的产物。从整体产业链层面讲，节气文化产业链包含上游、中游、下游三个部分。位于上游的传统节气文化是本源，也是节气文化创意产品的基础；中游主要包括节气民俗文化活动，其特征是具体活动形式的多样性和传播方法的多元化；而处于下游的节气文化创意产品即为基于文化体验和物质活动的创新性设计产物，它是由上游的传统节气文化本源和中游的节气文化活动共同衍生发展而来的。

如今，由二十四节气文化设计衍生的文创产品很多，但真正优质的作品却很少，也就意味着依托节气文化展开文化创意产品设计，在当前消费市场中还具有很大发展空间。在增强文化自信的背景下，文化创意产业是用文化推动国家软实力的一个重要形式，已然成为当今世界经济发展的主导潮流和战略性选择。相对于其他国家而言，中国文化创意产业起步较晚。台湾作为中国最先一批注重文化创意产业的地区，其文化创意产业借鉴了英国的发展模式，将文化创意产业链提升到重点发展层面，采用具体文化与日常生活用品相关联的设计方式，注重其文化的传播与普及，形成商业性的文化创意产品。而后各个地区博物馆等文化聚集传播场地的文化创意产业也逐步崛起。如故宫博物院推出的"来自故宫的礼物"故宫文创店，聚集多种文创产品，其"创意福袋"（图2-3）

图 2-3　故宫博物院创意福袋

图 2-4　二十四节气紫砂茶壶

以一种神秘又令人向往的姿态加以许多创意有趣的设计方式来表达与传播，引导人们认识、理解与喜爱传统文化，促使人们关注文化历史。

随着各类文化创意产品的大量涌现，"节气文化商品"也逐渐被提出，目的是加强对我国特有的节气文化资源的挖掘，展现节气文化魅力。如中国农业博物馆的文创产品二十四节气紫砂茶壶（图 2-4），茶壶外表描绘有简洁富有肌理感的代表性节气图画，展现出了微雨农忙极具生活气息的场景，这既不缺失节气文化内涵，又完整保留了茶文化中的雅致。设计者在满足消费者所需求的功能性的同时，还能用产品中蕴含的节气文化内涵让消费者的内心产生思想上的联想、迁移和领悟。此外，设计者还要考虑社会审美与时代特点，采用新颖的再创造方式进行产品设计，在重构传统文化中借助产品物质形式与多样内容的碰撞融合，进行高效传播，以期人们在文化熏陶中提升精神需求。

（二）节气文化创意产品的设计价值

节气文化创意产品的设计价值不仅体现在其深层次所蕴含的节气文化因子与外在形式的大胆创新上，还表现为节气文化内涵在人们内心所形成的一种特定价值意识。其融入产品时体现为主体对客体在精神感受性的能动反映，包括感官系统意识感知、真善美德的理想意义，以及美的价值观。节气文化创意产品从最初研发时，需遵循"理解—推理—判断—想象—再现"的机制流程，每一个关键节点都要求对节气文化信息高度理解。节气文化正是因为从不同层次反映了国人的生活习惯、农事活动及相应精神熏陶状态，才能成为真正日常生活中的"日用品"。具体来讲，节气文化创意产品由表及里可分为外在、中间、内在三个层次。外在层次指节气文化创意产品在视觉上能为人感知的内容，如民俗活动、农耕习俗、四时气候变化、四时颜色交替等；中间层次包含节气文化创意产品自身功能性、具体操作性及使用体验性等要素；内在层次指节气文化创意产品给予使用者感知中所萌生的叙事性、情感性、精神性等文化特质内容。节气文创产品在一定程度上是在设计师智能的"设计思维"与"情感层面"之下，形成兼具实用功能与精神文化的产品表现形式。节气文创产品的设计价值除了保持物质层面的生存需求，也拓展了精神意识层面的需要。物质层面的生存需求决定了节气文化创意产品的多样性，只有多样性的文创产品才会达到市场的规模效应；意志层面的精神需求要求节气文创产品拥有深厚的文化内涵，才能传达出产品中所融入的"原文化"之魅力。

三、节气文创产品的客体表征与编码诠释

（一）节气文化创意产品的客体表征

节气文化创意产品是依靠创意人的智慧、技能和天赋，借助于现代科技手段对文化资源、文化用品进行创造与提升，并通过知识产权的开发和应用而产出的高附加值产品。其"创意"的融入就决定了产品必须具有特殊的创新性与知名度，而节气文创产品所具备的客体表征往往影响着创新性的表达，拥有优秀的客体表征才会聚集一定的受众，消费势能才会得以提高。展开来讲，节气文化创意产品的客体表征主要集中于审美观念、功能定位与文化内涵三个方面。

首先，审美观念主要支配文创产品的多样形式。通常来看，文创产品的前期造型设计、装饰表达、文化定位都与审美发生关联，特别是设计师主观的审美意识更是直接影响到产品最终"美与不美"的外观呈现。美的价值观、世界观、审美观对文创产品创新设计也形成清晰的评价体系与品鉴维度。

其次，功能定位展现文创产品的实用特性。文创产品一定程度上是特定民俗文化的衍生品，但实用功能目前依旧是不可或缺的应用层面，脱离了实用性质就很难进入大众日常生活之中，落为纯粹的"摆设品"，最终因消费群体的小众性而无法广泛传播，更谈不上从文化上进入大众的视野，在文化产业链的转化流程中也生存艰难。例如同样是中国农业博物馆的二十四节气秋季小罐茶（图2-5），运用传统刺绣形式所制的各个季节花卉图案，被分别运用于茶罐的

图2-5　二十四节气秋季小罐茶

包装，并与罐装中不同时节的花茶相对应，非常自然地使产品本身与节气创意结合到一起，使饮茶者充分了解节气文化意蕴与情感。

最后，文化内涵积淀文创产品的意蕴精神。文创产品在满足了形式多样性与功能实用性的基础上，设计的主要问题更多地转向文化内涵突出与否，这时只有对文化之"意"的深刻思考才会呈现产品与众不同的"形"。当然，文化创意产品的客体表征并非只是与审美、功能、内涵三方面发生关联，还会受到技艺、伦理、时代等多方面的制约，最终会通过突出综合性主题的方式，完成文化创意产品自身的系统性构建。

（二）节气文化创意产品的编码诠释

文化创意产品涉及"文"与"创"的平衡性，这就要求在文创产品衍生过程中设计者对传统文化信息能进行有效编码与合理诠释。由于对于传统节气文化内涵中"意"的深刻认识是为了产品"形"的更好呈现，反之，通过产品"形"的物质层面创意表现才能突出"意"独特的非物质层面文化内涵。为避免纯理论的空洞，设计者需以新颖的视觉方式挖掘节气文化所富含的独特文化因子与元素。通过信息的诠释再进行元素编码而组成新型创意产品是最直接的设计表达方式。不同节气时令包含了不同的动植物造型元素、四季更替的颜色变化、民俗生活的图像元素等，这些特定形态的元素往往各具独特内涵，暗含了相应的特色表现手法。其中，节气文化不同时节所表现的造型元素可在抽象化的提取中，进行二次组合创新，或者在形状文法的多种转换之下得到与众不同的产品形象，这些产品可结合不同时节特有的植物材质充当创意产品的质料形式，并被赋予特定的文化内涵或地位象征。如"竹子"既是"立春"时节较有代表性的植物，又体现了挺拔高洁、虚怀若谷的美好寓意。文创产品编码的过程既可以是有参考形象的借鉴衍生，也可以是无参考形象的内容再创，但无论何种形式都需要对信息有效编码和提炼的共同作用，来完成文化创意产品的实现。

第二节　节气文化创意产品的结构组成方向

一、基于文化的组成

文化是一个国家、一个民族的灵魂。文化兴国家兴，文化强国家强，高度的文化自信可带来文化的繁盛，助力中华民族伟大复兴的中国梦的实现。中华文明之博大精深为国人文化自信之本源，人们对时空的认知与对生产生活经验的总结，创造了节气文化并传承至今。节气文化基于中国古老的农耕文明之沃土而产生，为中华优秀传统文化的重要组成部分。当下节气文化传播的路径主要集中于谚语、诗歌、饮食习俗、农耕习俗、区域性民俗活动，在一定程度上已形成了固有的认识。由于人们对新兴的节气文化呈现形式的理解也是以认知水平为基础的，这个时候，设计师就需要在中国传统节气文化底蕴基础上，结合现代生活模式，设计创造出多种表现方式来拓展人们对节气文化的认知视野，并为节气文化赋予新的活力，力求其不再束之高阁，进入大众生活，进而实现传统文化的创新性发展。

结合传统节气文化进行的文化创意产品设计，首要在于满足人们实用之需，基于此再加入审美、观赏性等内容需求。其次，其具有的独特传统节气文化内涵，既是传统文化对外呈现的重要方式，也是该商品走向国际，展示民族文化的一种有效方式。最后，其具有与时俱进的生活节奏特点。历经千年之发展变化的节气文化，是先人们对时间及空间交错变化的经验认识及总结，同时，节气文化也伴随时间的推移而不断丰富充实，人们对二十四节气的认识也由农谚、民谣、习俗等演绎发展到诗词、养生、文化、艺术等方面的内容，其体系逐渐完善。随着科学技术的发展，人们对于自然的驾驭能力逐步增强，在生产生活中逐渐减少自然对生活中各方面的约束，但人们在天气、温度、时节、自然等方面仍受节气文化的影响。此外，人们通过了解节气文化及其他自然之变化规律，对于与二十四节气相关的文化创意产品的喜爱亦是有所增长，这也是主体人基于其自然属性及情感需求的必然展现。

图2-6　二十四节气手机壳

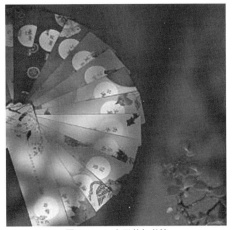
图2-7　二十四节气书签

节气文化与创意设计结合所形成的产品作为一种可触实体，还可以近距离欣赏和把玩，并与视觉性元素紧密联系，可形成相应的节气文化创意品牌。如北京北海公园推出的文化创意产品，其设计提取了北海公园建筑、植物、山石、花鸟等园内景观元素，搭配不同的节气文化主题，创作了 24 幅极具特色、主题鲜明的插画。其由于对应巧妙而让人印象深刻，如"九龙照壁"对应芒种节气、"莲潭观荷"则对应夏至、"五龙燕语"对应立夏、"烟云尽态"对应惊蛰、"铜仙承露"对应寒露等。这些视觉形象被印于手机壳上，制作成"二十四节气"系列文创产品的手机保护壳，让您的手机成为一道风景（图2-6）。又如，中国国家博物馆推出的二十四节气纸质书签（图2-7），设计者将二十四节气的文化特性呈现于作品之上，并将不同节气所对应的花卉压印于书签上，配合对应文字，制作出带有自然气息的独特文创压花书签。

二、基于体验的组成

任何主体行为皆伴随体验，当今社会发展日新月异，人们对美好生活的憧憬及需求也日益增强。在自给自足的农耕经济下，二十四节气文化基于农事活动中所总结的经验发展而来，并引导人类与自然和谐共处，孕育相应主题行为与自然环境的共情共感。而今，体验不仅是初步的感知形式，进而转变为意识形态而存在，通过不同维度设计再创造，将文化进行融合，并使之与自然环境产生共同的沟通渠道，就可给予人们全新的感知体验。

设计中节气文化的活态传承

（一）感官体验

感官体验具备极强的直接性与时效性，可激发主体购买欲。

以感官体验为核心的节气文创产品多贴近我们的日常生活，可表达出人们对于美好生活的向往。如以感官体验为设计出发点的"立春"节气丝巾（图2-8）。立春节气代表万物伊始，嫩绿与黄色的搭配与春主题甚为契合。在视觉上，莹润透亮，或沉稳质朴；在触感上，丝巾材质的不同决定了触感的差异。可以说，不同色彩的丝巾会带给人不同的心理感受，并展现不同文化主题的鲜明特征。

与二十四节气相关的视觉表现通常是二十四节气文创产品设计的主要内容来源。这种可视化的记录方式相比大量的文字描述而言，其图示化的图形信息更能让人迅速地注意并掌握，还可以引申出很多的联想内容，甚至情感细节。现代社会生活节奏加快，导致人们对形象化的图形兴趣更大，尤其是构思巧妙、画面精美、光影生动的震撼形象。另外，时节中不断变换的景象、丰富的物候也可产生多样的视觉内容。杜甫曾提及"感时花溅泪，恨别鸟惊心"；马致远也曾叹"夕阳西下，断肠人在天涯"。春天万物复苏，给人带来新生与活力；秋季凄冷萧条落叶纷飞，给人们带来伤感情怀。可见人的心情会投射于景物，不同的情景也会使人的情绪有所变化，人们在感知自然的同时，也体验着生命的一切。这时用图形创造节气形象成为最直观的视觉表达方式，也能更好地用第一印象左右消费者的情绪体验。

图2-8 "立春"节气丝巾

（二）互动体验

物质之间相互作用、相互影响，即有互动之意。《气一元论》提及：互动为未聚之气与有形之气间的作用及转化，将世间万物系统组合为有机整体。

基于互动体验角度进行文化创意产品设计时，只有抓住节气文化之根本，才能使主体人亲身体会产品的运用系统，在与实际产品交流互动之中感受节气文化之美。如中央美术学院毕业设计作品"二分二至节气灯具"，其依据太阳与地球间的运行规律，模拟太阳在地球之上的光照变化，光照变化暗含节气更迭，隐喻了四季变化。在自然现象与日常生活巧妙相合中，这种独特的使用体验感能给予主体回归自然、天人合一之感，重塑了人与自然的对话桥梁。

又如农夫山泉水"长白山的春夏秋冬"系列的包装设计（图2-9），用精美诙谐的插画设计，获得消费者更多的好感，同时增加了消费主体对中国传统节气文化的了解。二十四节气以直观形象化的方式出现在消费市场上，最终抵达消费者手中。一方面，消费者购买的是农夫山泉的"水"本身；另一方面，这也是一种文化的消费行为，在促进市场流通的同时，传播中国传统的节气文化，一举多得。

图2-9 "农夫山泉"包装设计

（三）情感体验

　　情感体验之于文化创意产品的设计与宣传来讲十分重要，基于用户预期的情感体验角度进行文化创意产品设计，可设计出外观新颖，并伴随美好记忆及情感的文化衍生产品，形成消费主体的情感记忆，从而产生适宜的思想与行为。用户基于此种文创产品使用的过程，会产生强烈而积极的情感，可引发对于节气文化的思考，从而达到文化延伸至大众教育的目的。同时，在传统文化传播模式之中加入新媒介等载体的综合性运用，可将文化创意产品体验更全面地呈现，融入消费者日常生活之中。

　　如以茶文化为载体，以节气文化为设计元素的"节气茶"系列产品设计。该"节气茶"利用包装形象来反映其产品的文化内涵，宣传节气文化与茶文化间的内在联系。两款产品包装——抽绳布包（图2-10）和瓷罐（图2-11），在茶叶饮完后，亦可以用于盛放杂物，或作零钱包使用，抑或是作插花摆件等，消费者可以根据自己的喜好进行任意搭配。而基于绿色设计的理念，其外在礼盒则是组合装，可拆卸，轻量化设计，尽可能减少包装材料使用量。

图2-10　抽绳布包"节气茶"

图2-11　瓷罐"节气茶"

第三节 节气文化创意产品的结构组成方式

二十四节气文化作为高感知的"无形文化遗产",其价值与文脉体现了中华民族强大的文化基因,同时也是民族生命力和创造力的重要体现。文化是动态的,时代是发展的,如何使动态性的文化知识与新时代发展需要进行融合,使传统文化得以"活态"传承,是社会发展的需要,更是国家文化创新型战略的要求。"设计"是文化"活态"传承的重要手段,尤其是产品设计更能赋予文化的生命力和创造力,节气文化创意产品是设计者对节气文化和生活方式创新性融合的产物。因此,研究节气文化创意产品的内容构成方式,就必须从"人—文化—产品"的密切关系来综合考量。文化保持"活态",产品推动"活化",传统展现"活力",此"三板斧"的共存才会衍生创新型的节气文化产品。

一、结构组成在应用层面的创意分析

节气文化创意产品所搭建的"人—文化—产品"的互动联系性使其在设计之初就必须全流程把控。一方面是由于人的多元行为意识活动致使节气文化创意产品设计要满足多样性的使用需求;另一方面是由于文化的传统性和时代的潮流性所形成的对抗性矛盾也要求设计者合理发挥双向交互式的创意思维,以形成高度协调的节气文化创意产品。作为新时代背景下的人,对节气文化创意产品的使用需求除了常规模式下的功能与形式,还涉及了社会文化发展的意识形态,这就对节气文化创意产品的内容构成相应地产生了不同应用层面的要求。

从宏观上讲,本能层面的视觉审美、行为层面的使用体验、反思层面的情感共鸣都成为节气文化创意产品设计的审视目标。从微观上讲,本能层面的外观造型、工艺材质、色彩表现是视觉审美的基本要素;行为层面的功能趣味、体验参与、适用简易是使用体验的重要基础;反思层面的情感记忆、个性追求、精神满足是情感共鸣的感受视角。三种应用层面的交流与沟通才会使节气文化创意产品保持可持续性发展。

（一）本能层面的视觉审美

眼、耳、鼻、舌等感觉器官所营建的本能层面是一切认知活动的开端，同时也是最直观的认知形式。人们往往通过本能层面的信息接收将复杂事情简单化，得出最精简的内容，尤其是以视觉器官为主的判断占据着认知的主导地位。吉欧夫·库克就曾说，人们获取的日常信息中83%是通过视觉接收的，这就使得针对节气文化展开产品创意的形态设计起着关键性作用，产品的形态设计优良才会输出视觉上的审美享受，才易争得市场的认同。节气文化融入文创产品设计，在本能层面主要集中于产品形态的视觉判断，包括外观造型、工艺材质、色彩表现，这三者高度融合的创意表现才会带来视觉适宜的审美。但要注意审美意识会因视觉焦点的不同认知而产生差异。

外观造型是产品形态的第一视觉形象，是设计能否成功展开的重要前提。二十四节气文化蕴含着丰厚的物候形象和民俗活动形象，设计者可通过对这些形态元素直接提取或抽象转化应用到产品设计中，以获取独特形象。如根据中国古代建筑槛窗的结构而设计的"花信风"灯具（图2-12），四周槛窗为夜灯发光区域，并在产品正面的显示屏上设有时间与二十四花信风两种模式，意在表现透过槛窗可观看盛开的植物。夜灯顶部为扬声器，起到音乐播放及闹钟的功能。"花信风"灯具的整体外观造型极具形式美感，还能显示"小寒"至"谷雨"中开的24种花与时令的自然现象，传递出文化和精神价值的视觉信息。

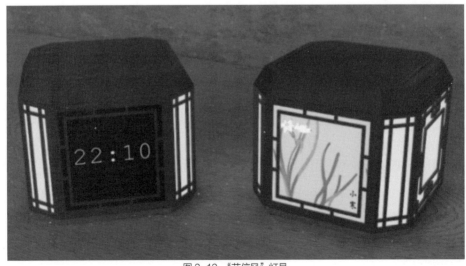

图2-12 "花信风"灯具

工艺材质是产品形态重要的媒介基础，也是情感表达的重要介质。特殊材质所呈现出的质感与肌理能带给人习惯性的情感认知和综合印象，同时，精细巧妙的技艺也可带给人独特的视觉震撼。节气文化创意产品最终的实物呈现都要考虑材料的适合性与技艺的可行性，合理适度的材料选择才能发挥产品的材质之美，成熟巧妙的技艺操作才能传达产品的技艺之美。因为材质的硬软程度、刚柔变化、亲切与冷寂等会影响到人的感受，技艺的精细巧妙会影响到产品的外在效果。所以，节气文化创意产品在材料与工艺的选择上，既要合理适用，也要考虑感性的精神价值。如"二十四节气汉服美人"杯垫（图2-13），通过节气文化与生活小件相联系，在触手可及、耳濡目染间让节气文化成为中国人生活美学的一部分。杯垫材质选用磨砂陶质，并以生态化的软木作为底部，起到隔热防烫与绿色环保的双重作用，为使用者带来自然本真的情感体验。杯垫技艺采用传统彩绘处理，色调匀净，施彩清丽给人带来"DIY"的生活气息。

图2-13 "二十四节气汉服美人"杯垫

设计中节气文化的活态传承

  色彩表现是产品形态的第二视觉形象，能引起人的不同思维联想和情感意识，不同颜色及变化会给人不同的情景联想和心理感受。如绿色象征生命复苏、新鲜与希望，红色象征温暖喜庆、积极向上，蓝色象征睿智理性。二十四节气的时间更替，自然物候也会发生相应颜色变化，每个节气的颜色都会跟节气的特点形成对接关系，设计者可提取适合该节气的颜色进行节气文化创意产品的色彩表达及设计。如立春时节，万物开始复苏，明亮鲜嫩的芽黄色和绿色可类比为立春节气颜色特点；清明时节，我国的扫墓习俗可用平静安宁的蓝色寄托对故人的思念之情；立秋稍凉，植物逐渐凋零，秋收陆续到来，土黄色可比喻为此时的自然景象。这让节气文化创意产品的色彩表现显得尤为丰富。如"二十四节气"插画（图2-14）就是根据节气对应的颜色创作的，以现代清新的风格对画面元素进行匹配，形成"以色夺人"和"古今融合"的丰富视觉样式。

图2-14 "二十四节气"插画

（二）行为层面的使用体验

行为层面的使用体验是建立在人与产品的互动性基础之上的，包含了产品的功能趣味性、体验参与性和使用方便性。节气文化创意产品既是文化衍生品，也是市场消费品，而它的使用体验能否有足够的吸引力和使用价值决定了其在市场的认可度。仅重视产品的文化情怀，而忽视其使用体验性，消费者不会为此而买单。由此，设计者要对使用者的消费心态和使用需求进行行为分析，从而设计出实用且有趣的节气文化创意产品。

功能趣味性是当下文创产品设计的新方向，也是提升产品附加值的一种手段。节气文化创意产品设计应充分融入趣味性的文化元素，使消费者在使用过程中既能体验到使用价值还能获得情趣化的精神愉悦。如节气风格麻将（图2-15），产品整体着力于在宣扬中国传统节气文化的同时，还将具有节气特征的元素融入麻将，在保证麻将的手感舒适性和时尚美观的前提下，改变麻将的原料选择，突破传统外观设计。这种质感透明的麻将包含着不同的节气文化元素，能极大地展现出不同光源下的不同视觉感受。它成功地将娱乐性与趣味性融在其中，促使人在娱乐休闲之际还能感受传统节气文化的魅力，让中国"节气"以全新的体验和独特的形象走进人们的视野。

图2-15 节气风格麻将

图 2-16 "二十四节气汉服美人"杯垫的彩绘版和填色版

　　体验参与性是基于使用者与产品的互动性产生的。通过仪式感的设计、参与性设计、强化操作性等方式来增加"人—机"的互动性，真正让人体验到其中的使用性质和情感记忆。节气文化创意产品设计在新时代文旅融合发展之下，必然要重视以这样的方式让使用者参与进来，使之既能体验到其中的乐趣，还能得到精神满足，加深情感体验。如上文提及的"二十四节气汉服美人"杯垫，除了完美呈现节气文化和视觉效果之外，还将杯垫分为彩绘版和填色版两种形式（图 2-16），以满足使用者的自身需求，真正实现了使用者的体验参与性，加深了对节气文化的了解，实现传统节气文化的多样化传播。

　　使用方便性指的是简化文创产品的操作方式而又不失产品的使用体验。节气文化创意产品如作为旅游产业中的末端附属品，其设计强调的是能够随身携带且使用方便，一旦设计繁缛、工艺过于复杂将失去节气文化体验的便捷性，甚至会因过度设计落为缺乏环保的劣质品。因而，设计者应综合考虑产品的使用性质和适用性质，不能过于追求所谓的"高大上"。样式复杂、技术难度高、使用要求难的节气文化产品往往适得其反，而最终失去市场。

（三）反思层面的情感共鸣

反思层面的情感共鸣要求产品能够体现出文化发展的意识形态，能够以文化的魅力影响使用者的情绪、信仰和生活态度。节气文化的产品创意建立在中国传统节气文化基础之上，通常也被认为是对节气文化基因做出精神感知的意识活动，这种针对节气文化精神魅力进行产品再设计的方向，也是国家文化战略的长远目标。因此，在开展节气文化产品的情感创意设计时，既要在产品、服务和使用者之间建立起情感记忆纽带，也要通过文化属性来满足使用者的个性化需求和精神皈依。

情感记忆是拨动人们精神内核的原动力。节气文化创意产品搭载的文化因子往往能够激发人们对过去时空的怀念，当以产品形式呈现古人智慧时可以促使人们从中体会到归属感，心中就会重新勾起历史回忆。因此设计者应将历史故事、民俗活动、农忙情景等历史性画面元素植入现代生活语境中，制造出一种似曾相识的感觉，来唤起使用者的情感记忆，带来情感增值，获得消费者的认同感。如根据"谷雨"时节所呈现的农忙场景而设计的"谷·耕"主题台灯（图2-17），产品整体以梯田的姿态赋予台灯新的样式，是"谷雨"与梯田文化的深度融合。其中梯田的形状完美呈现出农耕的味道，竹子的节节上升与梯田层次相呼应，消费者在使用时情不自禁地回想起熟悉的农耕场景，勾起情感上的记忆。这种传统节气文化与现代灯具的完美结合，使人们从灯具中体会到传统的耕作智慧与自然气息，在灯具实体的本身内容之外，唤起了个体精神与情感的共鸣。

图2-17 "谷·耕"主题台灯

个性化的情感追求往往为人们情感需求的高级阶段。节气文化创意产品并非刚需性的商品，部分消费者会根据自己独特的审美习惯、文化认知和精神意识进行产品的挑选，因而设计者要注意对这部分消费者精准定位，对特殊消费者的日常生活方式、文化认知背景及兴趣爱好进行准确分析，设计出符合个别群体所需的个性化的产品；或采取导向式的设计思维，对符合当下时代潮流、艺术文化、经济特点和科技文化等的相关因素作出前瞻性预测，从而针对性地设计产品；或采取逆反式思维，来表达个性化的目的，设计出意想不到的产品效果。简而言之，设计者更应具有前瞻性的市场预测意识，对各方面因素进行综合判断、平衡利弊做出适合情感自由展开的节气文创产品。

精神满足是节气文化创意产品进行情感设计的重点，也是节气文化符号可以自由创新的领域。特定的消费者向往体验节气文化中的情感温度，甚至是对节气文化所建立的精神信仰的追求。因此，设计者对节气文化内涵作深度剖析时，可运用叙事性、寓意性、写意性等手法与产品进行深度融合，表现出意境传神、文化抒情的精神境界。这让节气文化创意产品真正服务到消费者的灵魂深处，使之与消费者产生情感联结。

二、节气文化创意产品的符号内容与情感内容

（一）符号内容的转换流程

节气文化创意产品因根植于中国传统文化内涵，设计师须依据传统文化因子对其进行提炼、变化、重组等操作，深入挖掘产品功能最佳表现方式来设计创新。因而在节气文化创意产品设计流程中，对节气传统文化中文化因子选取和符号内容的理解占据设计活动中的主导地位。具体来讲，节气文化创意产品中符号内容的转换流程包含汲取、过滤、加工、转译等环节。

首先是符号内容的汲取。设计者通过对传统节气文化可探寻的本能层面"形"的特征进行认知与思考，针对节气文化的时令表征、民俗形式、文化内涵等相应的文化因子有效汲取，从而获得符合加工方向的符号内容及素材。

其次是符号内容的过滤。在设计符号创新提取过程中，设计者将面对多样的文化构成符号内容，包括表层视觉特征、深层意象内涵。这些内容需充分打磨才可加以使用，并结合产品形质的功能需求、人群定位、设计期望等要求，才能强化节气文化符号内容的适宜度。文化创新设计中的符号内容经过滤及强

化，在多重文化因子层层剥离中，促使设计目标更精准而不含糊。

最后是符号内容的加工与转译。经过符号内容的汲取与过滤，设计中所得到的传统节气文化因子有了显著的文化特征与精准的人群定位方向，在此基础之上，优秀文创产品的产生需要依据全方位的考虑来进行提炼加工，还能使设计元素准确又生动地表达出设计者要传递的节气文化内涵。这包括对使用者的喜好、未来样式的前瞻性、市场的需求等考量，其再与所选产品本身特点紧密结合，通过创新的设计语言表现节气文化因子，使文化无形的远距离感转移到可见可触的易感知实体产品中来，从而贴近人们的生活。

符号的汲取、过滤、加工、转译等创新通变之法既可单一操作，又可相交错融合设计。创新设计流程越复杂，产品所传递的物质"形"与非物质"意"的内容就越丰富多彩，因而具体操作时需针对人群特定需求与创新产品预期形式来进行流程的增减及调整。

（二）情感内容的结构组成

节气文化创意产品设计的情感内容由情绪化、意识化、审美化三方面共同结合而成。

首先是情绪化，作为主体的人对客观事物的认知有不同的主观情绪。设计师在针对节气文化所做的创新变通中，需有真实的情感输出，并转化为大众所能够接收的文化传递方式，从而用情绪激发"设计者与体验者"在产品文化表达上的共鸣，也就达成了用设计来动之以情的目的。

情感内容经过意识化的设计语言，会将情绪化的产品印象进行理性判断。在节气文化创意产品设计中，设计者依据特定文化因子来有意识地表达主观创意与感受，从而有目的地影响体验者对节气文化的初步感知，进而影响情绪与信仰。

另外，设计者要依据当下的审美体系与对未来不断发展的审美展望来奠定节气文化创意产品的整体基调，包括基于产品本身特性的本能层面特征、使用体验、整体氛围感受，来对产品造型、颜色、材质、肌理等进行选择，将节气产品使用流程中的仪式感、体验感、趣味感串联起来。在调动使用者情绪及主观氛围体验的同时，情感设计内容要符合大众审美的共识，更要引导使用者体验"美"的意味与达到精神升华之境。

三、节气文化创意产品在文旅融合背景下的结构组成策略

2009 年 9 月，原文化部和旅游局联合发布了关于促进文化和旅游结合发展的指导意见，首次提出了"文旅融合"的概念[1]。文化创意产业链改变了人们对传统文化呈现形式单一化的认识，成为新时代下朝阳产业，同时，文创产品所具备的高附加值和可持续性为社会发展带来巨大价值，逐步成为提升国家文化软实力的重要载体。我国正处于制造强国向创造强国的转型期，依托文创产品这一物质载体可将民族性文化进行创造性传播，文创产业无疑是由中国制造到中国创造的重要推动力，同时也是屹立于世界的一张文化自信名片。

节气文化创意产品作为传统文化创意产业的重要内容之一，是现代人生活方式的创意新宠，更是民族文化基因得以传承的有效性路径。在文旅融合的时代背景下，节气文化创意产品的结构组成策略发生了改变。个体的个性化追求要求节气文化创意产品富含创新性；社会的应然态度要求满足大众需求且具有实用性；时代的潮流发展要求其能够承载现代审美、文化语言和情感意识；国家的文化战略要求其具备文化软实力以此推动文化产业发展。上述种种趋势表明了节气文化创意产品只有走文旅融合之路，其构成意识才能不断被赋予新的内涵。因而，展开节气文化创意产品的结构组成策略研究时，设计者需对传统文脉、时代元素、审美意识、消费群体和产业开发进行综合判断，从而设计出高感知、高价值、高文化、高产业的节气文化创意产品。

（一）活化传统文脉

文脉的活化是文化创意产品自身展示的灵魂，文脉的升温能够让消费者对节气文化产生更深刻的理解，使设计师更易于为文创产品植入情感符号。二十四节气文化以"活性"姿态跃然于现实生活之中，除了指导农事活动，其最大的魅力在于它是有情感、有温度的文化，体现了中国文化精神上的生命观和哲学观。优秀文创产品中的文化意识形态往往被有效植入，并能够让静态的物质产品焕发动态的精神活力，如诉说故事、表达情感、精神畅想等"活态"情景。二十四节气文化因子承载着众多情感记忆和意识流变，将之融入文创产品设计，可使文化认同感、归属感得到极大体现。

节气文化创意产品通过文脉的活化策略将节气文化元素或传统符号进行具

[1] 徐媛、陈婧. 文旅融合背景下的文创产品开发设计研究 [J]. 智库时代，2020（05）：9-10.

象转化后，再以抽象转化方式来传达深层的文化内涵。首先，每个节气都有对应的物候现象、民俗活动、色彩表现、饮食内容等文化因子，在设计者的创意思维表现下，每一个文化因子的有效编码都可以成为文脉活化的创新途径，并为产品带来多样化的情感意识。其次，针对节气文化的"活态"传承，其文脉的活化必须"和而不同"。文旅融合背景下强调产品的原创性和新颖性，而不是一味地照搬挪用僵化模式，设计者要充分发挥异质异构、异形异构、异地异构的多样性创新意识，来激发原创性的设计思维及可持续拓展的态势。最后，节气文脉的活化需量身定制。每个群体对节气文化有不同的认知，每个地区都有对节气文化的不同解读，这就形成了有差别的地域性节气文化内容。因此，实现具有地域性的节气文化和当下文创产品结合也是文旅融合开发的重要途径，这既能带来地域性文化价值传播，同时还能给游客留下独特的情感记忆。

由于传统文脉的活化给文创产品更好地嵌入了精神皈依和情感符号，这让每个人都有对过去时空的回忆、当下生活的体验和未来发展的畅想。二十四节气文化所具备的历史文化价值、文化艺术价值、科学认识价值和经济发展价值共同构成了节气文化创意产品"活态"的设计价值。其中历史文化价值的活化对于文创产品设计起着主导性作用。

如根据端午节设计的"二十四节气"汉服美人香囊（图2-18），端午时节正是一年中阳气最盛、虫害滋孳的时期，人们通过"佩香"的方式来驱蚊驱虫、镇静安神，香囊成为辟邪佳品，佩香即为端午佳俗。此香囊的设计不仅实现了实用性功能，还可应用于多种生活场景中，既可束于腰间、悬于车内，又可以挂于包等随身物品上，以此重温端午时节的温馨记忆。除此以外，香囊的外在表现形式实现了与二十四节气融合，图案的符号元素来源于节气文化活动，对应的色彩也取自该节气的气候表现，传统汉服文化也为此香囊锦上添花。该产品既实现了文旅融合背景下的使用价值和纪念价值，又完成了对传统文脉活化的艺术价值，

图2-18 "二十四节气"汉服美人香囊

成为节气文化创意产品的"代言人"。

总的来说，节气文化创意产品只有对传统文脉的创新发展才能站稳市场，节气文化只有经过可视化设计，转化为创意产品，才能活态传播文脉中的特定基因，传递传统文化魅力。

（二）融合时代元素

时代元素的融合是节气文化创意产品赖以生存的根本，也是新时代文旅融合发展的必然趋势。节气文化创意产品的表现方式、精神意识、互动体验、消费群体都在时代化的语境之下发生了巨大改变，时代的发展为节气文化创意产品提供了一种有别于传统呈现形式的创新视角。消费群体的潮流意识带来了个性化的时代意识，新兴科技力量的发展带来了体验式的时代条件，审美意识的提升带来了新型世界观、价值观和审美观的时代语境。因而，节气文化创意产品的创新性发展依赖于时代元素来产生高附加值，其呈现形式也从"单一性的守正创新"转换为"嬗变性的与时俱进"。

时代正在改变，文化需要升级。节气文化创意产品的设计被赋予时代性的特点，节气文化创意产品被贴上"趣味、呆萌、体验、酷炫、好玩、国潮、新颖"等形象标签，这些消费心理都为节气文化创意产品的设计提供了新的视角与途径。融合时代背景进行传统节气文化的创新思维转换中，设计者需要辩证厘清"设计者"与"使用者"的角色互换作用。使用者的时代观念是"因"，设计者的时代元素定位是"果"，这就要求设计者对当下具有时代性的潮流趋势、心智意象、审美观念等特质进行深入剖析，使得节气文化创意产品产出更加有情感、有体验、有乐趣的结果。同时，赋予节气文化创意产品时代性的元素以及可持续发展的物质能量信息，将为文旅市场带来不可估量的消费效应。

融入时代元素的节气文化创意产品设计，从根本上讲是设计者在传统节气文化的具体认知下发挥前瞻性的创意思维而展开的产品设计，充满了时代性的关联，往往体现出惊喜感与意外感。文旅的融合视角要求节气文化创意产品具有实用功能、纪念功能和欣赏价值，来为商业服务。实用功能能对生活起到指导性作用；纪念功能体现为游客对旅游地的怀念而进行收藏；欣赏价值体现为视觉的审美性和心境的愉悦性。

如根据二十四节气中的物候现象和文字结构进行创意设计的"二十四节气"剪纸灯（图2-19），灯具采用传统"六方宫灯"的造型，上下保留原始木材骨

图 2-19 “二十四节气”剪纸灯

图 2-20 “二十四节气”益智游戏玩具

图 2-21 “綦江龙”系列 IP 形象产品

架，四周采用节气物候现象的七巧板进行围合，使用者可随意组合，变化多端，还可以根据环境需要进行拆卸，来调整灯源的明暗。拆下来的独立一面又可作为七巧板益智游戏玩具（图 2-20），这种基于有趣、有用、有文化的节气文化创意产品，可以说是对不同时代流行元素融合的精彩呈现，既有实用照明功能，又有传统文化的传承教育和美育功能。

当下文创产品的时代化创意还集中表现于 IP 形象策略，设计者也可以用“可爱、呆萌、有趣”的定位来展示文化创意产品的时代性。如“綦江龙”系列 IP 形象产品（图 2-21），每一个 IP 形象产品对应着二十四节气的习俗文化和当地历史文脉，以噘嘴叉腰的小可爱样式呈现，圆脸大眼，呆萌可爱，甚至还出了一系列微信“表情包”。此类节气文化创意产品是时代的产物，寄托了消费者以及设计师对美好生活的期望，也取得了较好的市场效应和回报。

（三）升华审美意识

美观的形象是节气文化创意产品的首要视觉印象，同时也是文旅融合背景下对产品的基本营销要求。产品视觉形象的呈现方式，装饰意味、色彩配置、感官体验、造型比例、技艺表现等内容的综合判断，以及意境呈现、雅俗兼顾的能动反映，都会在相辅相成的转化变动中打造出逐步完善的产品。具有美化意味的节气文化创意产品因带给消费者多样的情绪态度、视觉享受和艺术品位，设计者需要将自身审美意识提升，来对使用者美化需求进行深层剖析，才能赋予节气文化创意产品美的形式和美的品位，才能获得更好的市场效应。

设计者的前瞻性设计意识可帮助打通"设计者"与"使用者"之间在"审美"上的隔阂。站在"设计者"的角度讲，技艺创新可增添产品的精致美，利用夸张变形而又不失协调的形态创新可为产品带来新奇美，利用带有装饰意味的手法可为产品增添装饰美。而站在"使用者"身份的角度讲，符合当下审美潮流、个性化追求、社会发展规律以及新兴科技力量也是美观性节气文化创意产品的必然因素。不同身份角度观念的综合考虑可为产品设计带来不一样的美观形式。如根据二十四节气的天气变化特征设计的"拾光"氛围灯（图2-22），灯具整体以圆形灯盘和"山"字形底座组合而成。其中，圆形灯带采用农田阶梯式的结构，当灯光开启时可模拟出月亮阴晴圆缺的变幻效果，带给使用者每天不同的感受。灯光有24种变化模式，每一种都对应该节气之下的颜色，呈现出四季更替的循环变化。24个触摸式开关都以各自的物候现象或习俗活动的样式呈现出来。灯座的显示屏有日程提醒、食谱推荐及音乐播放的功能。当灯置于"山"字形底座上时，会带来"明月山间起"的意境。可以说，此产品是集美观性、实用性、体验性、文化性于一身的创意产品，灯光变化之美、意境熏陶之美、视觉新颖之美都得到极大体现，这无疑是节气文化融入现代生活、智慧得以延续、文明得以传承的可行性尝试。

图2-22 "拾光"氛围灯

（四）定位消费群体

文旅融合的时代背景要求下文创产品要能够促进旅游产业发展和文化传播，进而带动当地经济发展。文化既要搭台，经济也要唱戏。节气文化创意产品作为非遗文化的衍生品，其开发的价值除了传播民族性文化，同时也要迎合市场，能够为商业服务，有效输出文化产业结构的商业价值。这就必须对市场进行精准的定位，传承带动销售，才能更好实现文创产品的双重价值。

首先，节气文化创意产品的有效输出需要进行应用定位。节气文化创意产品是文化和艺术的结合，通过艺术设计的方式来延续文化的生命和价值，但仅以文化的视角呈现往往市场效应较差，这时候设计者必须考虑到产品是否能够为生活服务，是否能够带来纪念价值、欣赏价值和收藏价值。把二十四节气活化于现实生活中，不仅可以依靠与农业紧密契合的农产品以及农具工艺品的开发设计，还可以将其应用到日常生活的方方面面，如衣物、披肩、抱枕、手机壳、帆布包、拖鞋、挂历、文具等。

其次，节气文化创意产品的有效输出需要进行年龄定位。市场消费群体年龄不同对节气文化创意产品的品位也就不同。在市场调查中显示，70后人群更喜欢成熟稳重的产品，对传统文化的地域性要求较高；80后人群更喜欢富有纪念意义的产品，或者具有教育意义的儿童教学产品；90后人群则侧重于有趣、新颖、舒适的产品，追求的是时代潮流；而00后更侧重于好玩、可爱、活泼的产品。基于种种不同年龄结构层次所需求的产品属性，设计者就必须充分考虑差异化的表现方式，呈现具有年龄层次性的节气产品创意设计，来满足不同群体的行为需求。

最后，节气文化创意产品的有效输出需要进行消费心态定位。同一年龄阶段的消费群体会有不同的消费心态，同时同样的消费心态也会因产品价格高低、产品外观差异等而产生买与不买的状况。如感性或攀比性消费群体会因一时的冲动而购买。而理智型的消费群体会综合考虑产品的实用性、观赏性、艺术性、文化性，在综合衡量之后确定产品是否符合心理预期才会进行购买。因此，设计者需对消费者的消费心态有清楚的认识，展开分层设计，合理控制设计成本以合理定价，综合考虑好各样消费心态后，再用设计进行关系的相互协调才会赢得最大化的市场。

（五）完善产业开发

一件完整的节气文化创意产品的诞生，经历了策划、设计、制作、生产以及宣传推广和销售运营的完整产业链，每一个环节都起着至关重要的作用，缺少任何一个环节都会影响实物商品的批量生产。由于节气文化创意产品承担着文化传播和商业价值的双重责任，这就要求节气文化创意产品的设计产业链不断完善细节、不断强化抗市场风险的能力。

首先，要完善产业设计机制。该机制的完善与否会左右产品的创意构思和实体呈现，更直接影响到消费者的购买欲望。顶层设计者需对此环节严格把控，达成明确任务的模式。

其次，要完善相关政策与制度。节气文化创意产品的设计与开发对资金需求较大，相关部门应适当给予优惠待遇，并鼓励相应的生产性保护。另外，市场上难免会出现趋同化、同质化的现象，对此相关部门应予以及时的产业保护和专利保护，并且对做出质量优良产品的人员实施奖励政策。

最后，要完善品牌宣传。再好的节气文化创意产品如果得不到市场的认可，不能带来商业价值，那么文旅融合的意义就不复存在。这时，需要对品牌的宣传加以重视，产业部门在产品营销期应投入或聚焦一些宣传平台。如用自媒体、电子商务平台等展开品牌的宣传，提高产品的知名度。

第三章 节气文化融入产品的呈现机制研究

　　二十四节气民俗文化是中国古人通过观察时令、物候等变化规律而总结出的"自然历法",并以此指导生活和从事农业生产。[1]时至今日,二十四节气在现实生活中的生产实践、规律变化、时间判定及人与自然的"适、趣、情"等内容上衍生出多样情景式的对话,无论是时间上的追古溯源,还是空间上的行为认知,节气文化都以"活性"姿态跃然于现实生活中。

　　二十四节气作为一种"活"着的文化遗产,其丰富多彩的内容衍生了多样的表现形式,无论是具体的生产活动还是抽象的形式法则,设计者可在当代设计语境下用创想把文化体验与产品体验集于一身。节气文化中的文化特征、情景营造、意向认知等特色因子都能成为文创产品活态传承的重要元素,当设计师以设计语言对其进行提炼、升华,来焕发产品的新生时,就能以新的表达形式嵌入现代人的生活,使其具体化为可观、可用、可玩的设计实物。

　　从"节气"到"气节",此呼彼应,以更高的维度与更大的视野深层揭示了中国人的生命姿态与生活状态,将自然观知觉化为生命观与哲学观,将生活有"时"上升为社会有"节",形成符合社

[1] 邱丙军. 中国人的二十四节气 [M]. 北京: 化学工业出版社, 2018.

会发展规律的"天人合一"理念。

　　二十四节气"申遗"的成功，使节气文化融入文创产品的创新设计再次成为热议话题。在人类创新思维与传统文化有机融合之下，节气"活性"文化因子与生活产品的结合将自然而然转换成为高度感知社会需求的"活态"文化创意产品。节气文化创意产品是地方传统文化与民俗信仰文化得以延续并发展的重要载体，它是以节气文化因子为内涵，创意设计为核心，以科技、艺术、经济为载体的产品，具有明显的文化符号与象征意义。当节气文化因子靠创意设计而发挥出文化寓意的动态转变时，产品设计就可产生新的呈现机制（图3-1），"文"与"创"的碰撞结合产生表现高感知、高感受、高价值的文创产品。其除了展示相关节气文化的社会组织与经济文化发展的意识形态外，在演绎全新的设计价值理念时，时空架构内的人文地理、身心意识、情感层面等也会在产品设计中完成自我认同。设计者在构建当代设计语境下文创产品的内容与形式中，可使之和设计符号属性间相互匹配，探索可视化的呈现方式在文化动态传递时的美学价值。这就能以更具"文化魅力"的姿态融入群体社会性活动中，使文化保持"活态"，产品推动"活化"，传统展现"活力"。相辅相成共生出的时空文明融汇各意识形态与文化信仰后，将成为当下创新设计生活中的认知聚焦点，并被系统转化为拓展思维必不可少的智慧驱动。

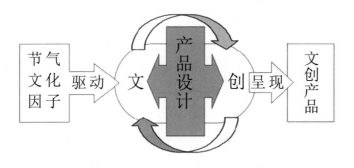

图3-1　节气文化融入产品的呈现机制

第一节　文化符号与产品匹配的设计呈现

由于节气民俗文化是具有目的性的人类社会活动的产物，因此设计者在借助设计手段传承文化活性、体现文化价值、增强文化内涵时，离不开文化符号与产品匹配过程中的合目的性。文化符号既有功能的属性外延，也有形态的识别内容，只有实现文化符号的具体"落位"方式，才能把握产品的整体形象价值与内在精神价值，让文创产品载体所传达的象征意义与社会意义更明确。面对文创产品的"文化符号"和"创意设计"两个基本系统，设计者需要智能地筹谋抉择以创造出更加新颖的产品，也需要用审美三观的阈值判定来营建更具审美意识的产品，更需要对民俗文化符号鉴别拣选。这使节气文化特征与性质的呈现能真正"接上"产品，让产品也能真正反射出人类所赋予的高度识别性。

一、多元美观性下的呈现机制

多元美观作为人类文化自身的固有特征，成为人们推动文明不断发展的内在动力。二十四节气文化作为一个时间框架展现在我国先民的各聚集空间，其承载与传播的文化在多个时间节点中呈现多样性的特征。此外，人类自古就有对未知事物进行不断探索的喜好，对新奇美观事物充满向往之心，凡此种种都对文创产品开发提出了一个明确的设计原则：多元美观性原则。这种多元性体现在对节气文创产品相关造型艺术上，借助对不同文化特征的理解由点到面的多角度分析，建立了节气文化的整体文化价值体系，并以此体系为框架，引导不同层级、深度的文创产品开发。

造物之初，审美先行[1]。创新设计的前提在于主体对客体进行审美的感知，无论是生命肌体还是心理行为都映射着对美的表达，而美的意识与表现亦是提升产品形与意融合创新的可行性标靶。针对非遗节气文化的可视化呈现机制，美的多元构建成为当下文创产品创新设计的原点。形态异样美、技艺精工美、

[1] 覃京燕.审美意识对人工智能与创新设计的影响研究[J].包装工程，2019，40（04）：59-71.

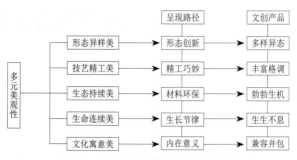

图 3-2　多元美观性下的文创产品呈现机制

生态持续美、生命连续美、文化寓意美等都以美的方式提升产品的表现语言，为文创产品在多种呈现路径过程中获得多样异态、格调丰富、生机勃勃、生生不息以及兼容并包的特性，并在各自转化变动中形成多元性的审美意识样态及类别。（图 3-2）

（一）形态异样美

形态一般指事物在特定环境中表现出的外部造型与状态[1]，是最能直观引起人视觉跳跃并获得高度记忆的影响要素，形态自身的异态折射出视觉的异样感受。创新设计的过程亦是产品形态嬗变的过程，形的嬗变程度越大，态的能量熵增就越强，美的视觉冲击亦越大。当形态本身大小、结构变化、肌理变化、高低差落、颜色浓淡，甚至某一构件元素的置换、装饰与残缺变动时，其都会使形态异样，异样的形态散发着不同的美，承载着多元的个体感受性。正如四时节气中，不同节气所联系的颜色样式、传统习俗活动、氛围感悟方式等都可交汇出异样的视觉感知，带来丰富的美感。当然，形态自身传达出的异样美会因人而异、因时而异，将常态僵化之形转换成异态之形时应借助具有趣味、新颖、愉悦、美观的设计理念的指导。

在设计新的符合当下场景语境的新产品时，文创产品必须具有美的体现[2]，才易构建起产品和新群体之间的联系。因形态异样美促使设计者通过不同的视角追求新的形式美感，以表达最为直接的感悟。如"立秋"音响（图 3-3）正是以异于方形的别样形态呈现出别具一格的视觉印象，设计者利用立秋时节蝉鸣形象来设计，蝉翼展开音响即可运转，蝉翼闭合音响马上关闭。同时，为了

［1］任新宇，范平平．论博物馆文创产品设计的影响要素与设计原则 [J]．汉字文化，2020（19）：159-160.
［2］刘青．文化传承导向下的文创产品设计原则研究 [J]．艺术品鉴，2020（03）：89-90.

更好地还原蝉的原生态形象，蝉翼巧妙地呈现镂空的形式。正如宋代张继先的《立秋之夕》所描述："松高孤鹤唳，竹密一蝉鸣。""立秋"音响正是以蝉鸣形象使节气文化融入文创产品的创新设计，这与市场上的常规方正形款式音响不同，它既是形态创新性原则层面的体现，亦是节气文化自然巧妙融入产品的最好呈现，并展现出异样的形式美感。

图3-3 "立秋"音响

（二）技艺精工美

技艺是人类为实现社会生活的需要而创造和发展起来的创造手段、方法和技能的组合[1]。传统手工艺中的榫卯结构、藤竹编织、错彩镂金、掐丝珐琅等都从不同侧面表达了良好的视觉表现效果，其美的内涵表达因表现对象的复杂性越来越高，其单一的技艺形式变化已无法满足美的认知需求，寻求技术的艺术化成为寻美的热点。由于视觉认知的差异来源于审美意识的不同判断，技艺美不仅讲究技术的精工推敲，更讲究艺术化的处理方式，这才能更好地承载美所蕴含的时代风格、地域特色、人文色彩及民族情调。

这些技艺的特殊化呈现，使产品各个部件要素之间相互关联，也让美学层面上的优雅格调有了内在逻辑，从而推动消费者从理性层面感受产品形象之美，这种美是技术的，亦是艺术的。如"夏至"风扇（图3-4）整体采用竹质材料，以榫卯结构丰富产品内容，以斗榫与合缝的细节来达到良好的视觉形态效果。除此之外，"夏至"风扇保留常规风扇形象，改变材料与部分造型，艺术化的处理显示了别样的精工美。

图3-4 "夏至"风扇

[1] 范伟.空间语境下的家具形态创新研究 [D].中南林业科技大学，2015.

（三）生态持续美

生态之美既体现为勃勃生机下时间长久的持续，又有生态系统下空间整体的持续。对于文化创意产品创新设计而言，材料健康环保、产品生命周期长、使用合乎节律等是设计师首先需要考虑的问题，因此基于生态的可持续成为评判产品是否美观的另一种标准。无论是整体覆盖还是部分点缀，材料都是体现产品质感肌理的要素。当消费者从不同感官维度体验该材料所带来的美观特征与生态意识时，就能真切感悟出人与自然和谐的生态美学价值。

（四）生命连续美

生命连续的美意味着设计要有万物生生不息的大同目标。在产品满足基本功用、外观形式、本身属性、尺度风格以及生态和谐状态后，追求生命力的顽强韧性成为设计推动万物演化发展、走向未来的远大目的。这既有利于产品增添生命情趣，也是对大自然中生命体的潜在回应，更有益于个体或群体的情感升华和生命感怀。如迈克尔·格雷夫斯设计的小鸟水壶，既是从功能角度以唤醒水温，更是从生命的角度突破了人们对传统水壶的认识，甚至升华了体验差异性，让人们在使用过程中心情愉悦，联想生命的魅力，感悟生命盎然下的一种连续美。

（五）文化寓意美

文化寓意下的美是指人类文化发展应兼容并包，以可视化形态呈现过去与未来之间的"活态"联系。作为"第五大发明"的二十四节气是中国非遗文化中的具有支撑性的文化遗产，它不仅以时令节律指导着人类从事农业，并用约定俗成的岁时节日活动丰富着人们的精神生活，如鞭春牛、中元祭祖、立冬补冬等民俗活动。设计者通过民俗节日活动感怀文化，寄予的精神之美，设计出顺应个体审美期待、理想主义、鉴赏标准等众多精神情感需求的行为模式，赋予产品以文化体制下的寓意、价值、意识等活性美，让人体验产品文化的历史性与同时性所带来的寓意美。

二、文化感知性下的呈现机制

文化感知性是呈现文创产品是否能长久生存的根本，也是设计添加附加值的重要方式，文创产品辨识度的高低性取决于文化还原的强弱。而文创产品作为人与文化相互作用的重要媒介体，往往以可视的简化方式诠释着复杂的文化信息，梳理着文化的脉络，转换着文化的存在形态，这实质就是将感性的文化价值附着于有形产品载体之上。文化信息专属成为一种附在产品标签上的抽象层时，设计将建立起双方无障碍沟通的时空桥梁。

二十四节气文化作为非物质文化遗产下的一个分支，集科学性和实践性于一身，现存种类繁多，包含农事活动、传统习俗、饮食养生及节日活动下的文娱活动、国家人文价值观等内容。由于文化感知是一种在特定产品中受众群体对客体中文化因子意味性的能动反映，必然涉及感官上的视觉、触觉、听觉、味觉及意识流感知在内的综合体验。二十四节气文化特色因子传输过程中，需要设计师在文化价值、审美价值、精神价值等方面来进行价值判断，使得文化因子产生的结果更加符合受众群体的联想思维，进而产生感性移情。节气文化融入产品并服务于人时，设计要致力于为"文化"搭台，将文化特色因子附着于有形产品之上，使产品释放文化能量，最终实现产品的文化价值。节气文化背景下所物化的产品有着文化的高附加值，从而推动了经济的发展。综上所述，在产品与文化相匹配及机制呈现过程中，文化感知通常被认为是受众群体主观能动意识下的思维活动，是引导人类在有形产品实物与无形情感之间共鸣的关键意识，并起到决策作用。设计者通过多样文化感知的方式，针对节气文化元素里的活态因子进行高度识别，形成人们可通过理性思维与感性思维品鉴的活态产品。具体来讲，二十四节气文化融入产品的呈现机制可通过形、色、式三个载体进行文化感知匹配，嬗变出多样文化识别。

（一）形

"形"作为产品文化感知首先捕捉的重要元素，也是文化具有鲜明辨识度的首要保证。"形"在此处概念界定中通常指事物在特定环境中表现出的外部造型、状态，剔除了"色"的表征，是形态的组成部分。在设计学科中其一般被界定为图形或产品的外部形状，它是引起观者视觉关注并建立视觉记忆的重要影响要素，成为承载和传播文化的重要信息媒介。文化创意产品设计时会受地理环境、风俗习惯以及文化背景等多重要素的影响。因此，反映不同地域、不同时代的文创产品会呈现出明显的造型差异性，这种差异性也自然使得不同产品有了根本性的"形"差别。

当人们认识一件文创产品时，往往是从它的"形"开始识别的，形的"活力"展现并赋予文化丰富的内涵。文化感知性在人类对"形"能动聚焦之下，在一定程度上弥补了其他展现形式的短暂性和模糊性特点，形成"高度识别、所见即所得"的文化可视化呈现。如"小满"存钱罐准确地把握住小满时节谷物堆积的形状，对其"形"进行合理化表达，衍生出具有存储功能的存钱罐。利用"形"的相似赋予产品新的文化特征，"小得盈满"给予产品新的生命，这种趣味性的契合让人感知到了节气文化的魅力。

二十四节气文化在历史的不断更迭变换中，产生了各式各样的形态文化基因，其既有简约凝练的节气纹样，也有具象化视角下民俗活动图案或岁时节日活动等文化符号延伸，甚至可根据自然形态之"仿"、身心动作之"调"、形态自身之"换"等引导出差异化的文化呈现，在起承转合中以直接、生动的形式过渡，让人感受文化的内涵。借上述方式对形态中"形"的适度选择，设计者可把二十四节气文化中的素材楔子与文化基因，应用于个体产品独特文化营造中，借助"形"所呈现的节气文化意蕴为纽带，让文化之"意"在受众群体或潜在群体心中生根发芽，使包容孕育节气文化的深层创造设计能有效表达并生生不息地展现。

（二）色

色彩依附于形态，也是人类最直观的视觉感知要素。由于色彩对观者心理的影响远比"形"直接、强烈。文化创意产品要利用好特定色彩的视觉冲击力，配合"形"一起成为准确传播文化特征与内涵的重要途径。

"色"作为产品文化感知最具直观情感感受和反应速度最快的显性介质元素，在产品中以敏感的视觉信息强调着文化的感性线索。当人们认识一件产品时，往往根据色彩引发联想。如绿色使人联想到立春时节万物滋生的景象，引发"乍暖还寒时"的文化体验感觉；黄色使人联想到立秋时节谷物成熟的景象，思索"一枕新凉一扇风"的文化情绪。除此之外，色彩还能传达出味觉上的甜蜜、酸涩之感，搭建于产品上更显文化情感。

新颖的色彩能创造出令人耳目一新的产品体验。如"大暑"灯具（图3-5）

图3-5 "大暑"灯具

正是以大暑时节萤火虫闪烁的光亮为灵感，并联系"襄萤夜读"的典故。除了采用单一光源之外，设计者利用传统灯笼形状凹凸不平的特点制造出深浅不一的光源层次，使其在起色、承色、转色、合色的阶梯变化中展现葱青、少艾、绮钱、翠樽的东方韵味色彩，赋予灯具新的生命力。对于文化感知而言，色彩的体悟为文化产品提供了另一种有别于"形"的表现视角，产品色彩温度感的运用更易为受众群体所接受与认可，这也为节气文化的艺术性和实用性提供了新的文化表现视角与途径。

（三）式

随着文创产品对文化性叙述的集中表达与升华，文化性的感知不仅从外部造型与色彩上呈现创意设计思维，而且越来越倾向于代表性的元素、式样与装饰符号等的展现。设计师可根据产品功能与预期效果整合相关文化元素以及约定成俗的式样，促使受众群体感受到当前产品更深层次的内涵。"式"作为产品文化感知的视觉判断延伸，让文化在产品中充满个性，成为识别度极高的文化符号。装饰性手法的文化感知呈现通常采用绘制、雕刻、主题突出的方式进行产品设计创新，在绘制中强化表面化的识别性，满足独具风格的文化价值；在雕刻中满足具有肌理效果的特殊文化符号，甚至是表面化的形象肌理装饰，也可丰富文化主题，获得多样化、多形式的文化感知聚焦。

设计中节气文化的活态传承

文化感知性下的"式"层面需创新设计来融合审美意境、文化寓意，引导视觉、听觉、触觉、味觉及意识六感的感知，以让人体悟出产品独特的韵味。如"清明"香具（图3-6）除了在造型上"以象寓意，以意构象"外，设计者用"清明"节气丰富的情感内涵作为元素，创造性地将香料的燃烧进度与沙漏型蜡烛意蕴相通，表现出"惆怅东栏一株雪，人生看得几清明"的意境，生动地赋予其节气民俗文化内涵。面对庞杂的信息传播，受众群体由于受文化基因的抽象复杂性内容所限制，无法快速直观地辨析所汇集的多元文化，所以设计师只能在显性文化层次之下通过形态的呈现方式，加大彼此之间的传输介质，以提高受众对文化的识别性，让产品便捷地以可视化呈现的态势突出文化含量。

文创产品设计利用文化感知性的呈现机制，将人类节气农事活动、传统习俗、饮食养生等民俗文化活动提纯为高普及度、高认同率的符号，借助产品改变人们对文化同质化、庸俗化的认识，从而保持在原"生"、原"位"、原"味"下生生不息发展的大同目标。在大众创新时代下，使得原来产品趋同性发展的传递方式向以文化为核心定位的个体感受性方向回归，也使得文化在产品中的感知性从第二视角向第一视角发生根本性改变。

图3-6 "清明"香具

三、使用体验性下的呈现机制

使用体验性是用户在使用产品过程中融合趣味性、互动性、导向性后建立起来的一种纯主观感受，这种能动的感知使得产品更加符合用户沉浸式、互动式、舒适性、有效沟通的价值判断。从宏观上说，使用体验性旨在兼顾感官与功能来综合评价产品被所"接触"以及被"使用"后的服务效果；从微观上说，使用体验性尝试解决产品如何与个体发生关联并发挥功效，从而保持相互交流，促使用户感受性回归。用户在使用产品过程中，优质的体验性能激发用户愉悦的心情，在易用性和互通性的双重效果下取得完美情感体验。

在社会经济与科技发展日益增强的时代背景下，使用体验性的成功是设计价值成为新增长点的重要方式。文创产品的不同设计成效会带给人们差异化的体验，包括感官体验、使用体验与情感体验。感官体验来源于接触事物获得的第一感觉，本能上的反映使之具有时效性与直接刺激性，因而处于使用体验性的表层。使用体验来源于主客体之间的相互关联，从而产生认知，包括功能性、可用性、易用性等方面，处于使用体验性的中间层。情感体验统合感知与认知、心理与意识、感性与理性，激起用户的意识与认知，处于使用体验性核心层。（图3-7）使用体验性下的呈现机制使文化得以将主客观两方面综合，使行为与环境有了共通性。

二十四节气民俗文化在传统普适性发展之下显得略不如人意，使得用户进行相关产品基本认知与消费时往往无迹可寻。当设计者将节气文化融入体验性的机制呈现时，一方面可提升用户对传统文化的好感度，扩大符合用户自由维度的选择与判断。另一方面使得产品在激烈环境中用文化力量保持核心竞争力来得到可持续发展。具体来讲，节气文化在使用体验性下的呈现机制探究可从感官层面体验、使用层面体验、情感层面体验三方面出发，从而让节气文化价值与产品设计的内在逻辑有机结合。

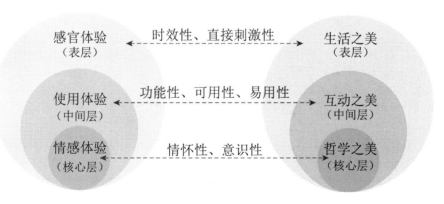

图 3-7　使用体验性下的三层次呈现机制

（一）感官层面体验

感官层面体验是围绕产品的形、色、质、式展开和谐、舒适、美观等目标追求，借助感官器官，尤其是视觉器官的体验获得美的感知与判断的活动。产品设计时，通过视觉的传递、视觉的美化、视觉的创意让用户能动体验到产品外在的直接刺激信息。视觉的传递能让用户看得明白，快速清晰地获取其中蕴含的信息与文化。当产品信息过于分散、混沌时，其会对用户造成干扰，用户将因产品在视觉传达上的模糊而忽视或舍弃产品，所以对产品中重要元素的聚焦或放大成为视觉体验获取信息的关键点。视觉的美化目的是让用户看得更舒服，满足多样性的审美价值。产品美观与否受到平衡、秩序、节奏、颜色、风格等要素在视觉形象上是否和谐的影响。视觉的创新是让用户看得见惊喜，得到独特感受。除了产品本身独有的logo、图案之外，其潜在的独特视差、视觉张力等也成为体验过程中的创意点。基于节气文化产品设计在感官层面的体验方面，视觉发挥着不可替代的作用，让用户间以此为基础达成自由交流，并获得相应的视觉信任。

因节气文化本身是较为抽象的时间框架记载形式，人类对其感官层面的体验须依托内容与形式的巧妙结合而生成的独特形态来吸引用户的需求，好的感官体验能瞬间影响用户情绪、信仰和对生活的态度。如北京北海公园推出的"二十四节气"主题魔方（图3-8），以生活中常见的魔方元素为存在形态，用

图3-8 "二十四节气"主题魔方

不同节气色调给人强有力的视觉审美体验。其中色调的冷暖性质对比给观者直观的季节信息反馈。不同节气之间用差异化图案描绘各自画面特点，但都反映了现实生活中该节气的场景画面，让人在玩图片的翻转中体验到节气本身构建的模样。除了视觉层面的体验，触觉、听觉、嗅觉等不同感官也都或多或少地参与到体验中，并通过产品形态的外在呈现来感知节气生活之美。

（二）使用层面体验

使用体验是基于主客体之间相互影响作用而形成的一种互动式体验。基于节气文化在生活空间的应用，从设计角度来看，现代主流使用体验下的互动性、映射性、趣味性可以使受众群体快速获得感知效果，并在使用过程中感知节气之美。如"二十四节气"手提袋设计（图 3-9），在抓住节气文化本质的同时，通过生活中使用场景的共同参与，使产品体验拥有节气文化特性。使用层面体验从最初对功能、趣味性的体验逐渐扩展到不同层次下的集成体验过程，包括了产品内容提供的满足感、产品技术稳定的安逸感，以及价值赋予的使命感，从而颠覆了传统体验性的范围。多层次集成的体验立足于产品设计的各个环节，从整体构思到细节构造，贯穿产品体验性的始终。

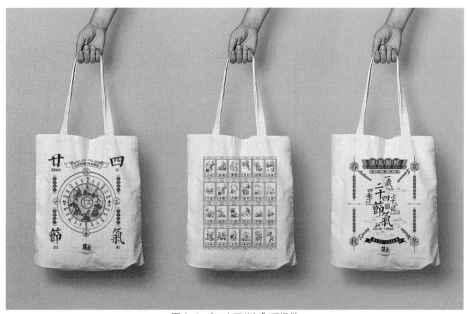

图 3-9 "二十四节气"手提袋

设计中节气文化的活态传承

　　随着人们生活观念的转变与时代背景的变迁，对产品的使用体验性领域也在不断扩充，当使用对象从单一生活性用品转向趣味性的互动装置时，这种产品融合了受众群体心理、思维、精神等方面的需求，体现了情感与品位的价值。如故宫博物院展出的"二十四节气"装置（图3-10），模拟二十四节气所呈现的时间框架形式，完美呈现每一节气所对应的气候变化，将自然现象巧妙地映入眼帘，使人在任一节气位置中都能身临其境，感受特点。该节气装置把互动之美巧妙地结合在使用体验中，并传递每一时节的知识内容。基于使用体验的文创产品设计，往往展现出一种对待节气文化的生活态度，不仅注重于生活功用的空间，还专注于艺术氛围的表现。

图3-10 "二十四节气"装置

（三）情感层面体验

文创产品设计在文化驱动的过程中，离不开个体对文化的需求以及被文化所激励的情感精神，即当文创产品走进用户生活唤起情感共鸣时，文创便可以激发用户深层的情感意识与认知。因此在设计节气文创产品时，针对文化元素的提炼和运用须深入到节气文化的核心与内涵，才能在传递过程中有效激活传统，又能引起情感体验。

从情感层面的体验展开构思，使得文创产品具有情怀与想象空间，甚至体现一种哲学意味之美。这是因为人类的情感意识缘起于内心与对象属性间的交感作用，当在特定氛围场景烘托下，人所承载的感知和认知系统能够激发想象空间并积极体验，形成需求导向性生活态度。如秋晚（图3-11）以二十四节气中的"秋分"与"寒露"为主题，象征性提取"鸿雁来宾""蝉噤荷残""摸秋""摸瓜"等自然变化以及习俗为意象。整体运用哑光黑表达秋实的稳定感，辅助木色使作品具有温度。产品造型更多地采用曲直对比的综合手法，使人在主观能动感受中，获得情感体验与精神思考。设计构思再与灯光产生联系，营造的是秋天时节下的自然神秘之感，让人体验出"凄凄寒露零，荷破叶犹青。独立栖沙鹤，仍值酒初醒"的诗意氛围。像这样的情感体验形式，在使用体验性的呈现机制中属于"体验"的核心层。

图 3-11　秋晚

可以说，在人的体验下所完成的感官认知、功用互动、情感行为等环节在系统转化过程中，都呈现了不同的演绎内容，展示着各自的体验层次。针对市场，只有更多地注重于用户体验感的上升，产品才会获得更坚定的品牌意识。从影响用户体验因素的马斯洛需求的五个层次来说，任何产品都会包含很多非言辞性的隐性元素，融合了群体主观的多样需求，任何环节的纰漏都会影响整个过程的体验和感受。

从设计角度考虑产品产生的整个过程，其体现为：战略层、范围层、结构层、框架层和表现层。由此形成的环环相扣的体验性集层无一不体现着产品设计中各自层面独特的信息架构，这使得每一层触及的体验性都会有差异。

从战略层次上讲，使用体验性所营建的用户需求和产品目标在用人性与效能双向关照时，使得"文化—载体—用户"三位一体能综合流转。这既是设计师设计工作的开端，也是用户体验下的本质根源展现。当用户从自身需求的角度审视产品时，希望其符合核心功能之后还能产生额外的精神价值。这要求设计师有对产品设计总体方向的把控力，以高感知、高效能、高价值的设计注入产品中，来巩固产品文化核心竞争力。从范围层次上讲，使用体验性所搭建的导向性、功能性、整合性、持续性、迭代性等内容都可成为设计过程中的决策重点。如果节气文化产品在此层次上缺乏用户所能认知的内容，则可能由于其无目的的挑选而导致产品被忽视。从结构层次上讲，使用体验性所演绎的产品信息、文化价值意义等内容与产品材质、颜色、形状等都成为了制约产品的决定性因素，其所涉及的舒适度、有效沟通、综合感知也成为体验成败的关键。从框架层次上讲，使用体验性所承载的元素提炼、文化呈现、颜色落实、装饰可视等成为用户对使用产品、识别产品、选择产品、理解产品等作出选择的重要节点。节气文化融入产品后，正是此阶段让人有了代入感，促进表达体验，触达情绪感。从表现层次上讲，使用体验性所呈现的文化信息、视觉效果、功能互动都成为感官最后交叉体验下综合显性的认知表达。

随着文化积淀越来越多地被引入产品当中，使用体验性在产品呈现机制下愈发重要，成为文化符号与产品相匹配的重要设计原则，尤其对核心文化价值的体验、互动效果参与更是当代体验经济时代的重要衡量标准。二十四节气文化只有以体验式的方式融入产品来证明其文化带来的价值，使用群体才能有方向性地来支配产品、审视文化，同时实现真正意义上的文化体验、文化沟通与文化互动。

四、功能生活性下的呈现机制

功能生活性是人类在实体化的物质世界与虚拟化的精神活动有效沟通的关键纽带，也是在"用户—产品"互动过程中易被大众接受的活动方式。生活化原则强调对目标群体生活需求的关注，探寻人们生活需求、节气文化以及产品三者之间有机关系的建立。借助生活化的文创产品设计，使产品更易被普通大众接近、接受。同时，其还能延长相关文化信息作用于受传者的时间，拓展产品的影响空间，进而为相关文化的现代传承以及文化经济价值的展现创造更多可能。功能的方式、表达、内容等决定了人在活动过程中体悟的趣味性与多样性，功能的多模态互动为主体的使用带来全新视觉表达的可能性，同时也使产品育化嬗变出多样性创新空间。当二十四节气文化融入产品创新活动过程中时，功能的生活性呈现可以从认知功能、使用功能、体验功能、情感功能四个方面考察，在认知过程中有效识别文化符号；在使用范围内有效实现产品适用价值；在体验过程中切身感受其趣味性、互动性及愉悦性；在情感表达中升华文化意蕴认知。以上与功能生活性的匹配呈现，形成了文化创意产品的价值支撑与展现。

（一）认知功能

认知功能指用户或消费者通过感官信息对产品的审美印象、语义解释和象征联系作出的体会或意会评价过程[1]。当使用性、体验性、情感性决定产品功能优劣的差异性越来越小的情况下，人们对认知过程中的审美印象、语义解释和象征联系就会愈加强烈，也会成为人们对品牌集中性认同与识别的关键。人们在认知过程中对"美"的审视会形成优雅与否、吸引与否、美观与否等心理评判；对语义的解释形成能量信息表达、使用方式传达、品质评判定位、形态符号识别等认识；对象征的内涵意蕴感知形成象外之象、味外之味等精神思考。如"二十四节气"胶带（图3-12），以四时自然变更带来的不同树木及颜色变化为灵感，再与普通胶带的功用紧密结合，衍生出具有节气文化特性的创意产品。其视觉观感所带来的特别美，吸引着人们的目光，同时通过对颜色的认知与对树木的辨别带来节气时序感怀，使人们在产品的使用过程中引发相应的思考与展望。

---

[1] 吴志军，李亮之，徐人平.产品形态符号系统及其创新设计研究[J].包装工程，2010，31（14）：39

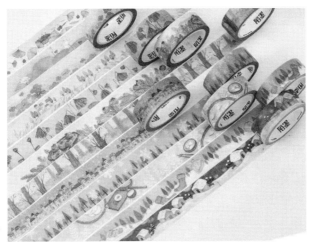
图3-12 "二十四节气"胶带

图3-13 "立夏"灯

（二）使用功能

使用功能指产品使用活动中，产品为满足用户使用要求而必须具备的基本功能。从认识论的角度来看，功能的使用性被定义为能有效满足主体基本观感、触感、听感等基本感官需求以及带来的相应情感价值。在使用过程中，人们通过自身的条件来判断该产品是否适用，并能理解其中所涉及的显性功能价值与隐性功能价值。当一把椅子呈现在面前时，设计师除了思考能否"坐"，如何"坐"，坐的过程中是否舒适外，还要考虑能否在形态转化变动中体会出多样性的审美意识等。

文化创意产品清晰的使用功能可以更好地满足用户需求，以及驱动着创新设计思路往更好的方向发展。在人类常态生活之下，个体需求的驱动更多的是先满足使用功能，再进行不同审美意识及文化的交流转换。如"立夏"灯（图3-13）作为满足照明的工具，该作品中融合"立夏"语义的内容，将更具有文化意义的形态传递给使用者。显而易见，产品的功能使用性是主体能动过程中首要考虑的因素，是有效沟通人与物的关键节点。人类通过产品的功能使用，并针对其带来的能量价值大小而进行选择，为物在将来的使用中形成多样化的情感意识价值奠定基础。

（三）体验功能

体验功能作为人与物之间的良性沟通环节，其体验过程的成败决定了产品的输出是否有效。人们依靠视觉感官层面、认知系统层面、操作执行层面、心理意识层面建立起具有体验性的交流活动。其中人通过视觉的传输可进行评价产品整体是否美观、信息层级是否清晰、视觉观感是否流畅等心智活动，这一环节是整个过程的体验发生关联的起点；通过认知系统层面来思考产品是否可用、易用，让人们在使用过程中不必费尽心思地思考如何使用，这就建立起了过往经验与当下内容相联系的体验性环节；而操作执行的体验是一种具有前瞻性的使用过程，用户提前知晓产品的使用感并与之搭建起匹配的心理意象，决定是否购买该产品；通过意识心理层面的思考，不同用户产生完全不同的意识体验与感受体验。可以看出，体验式功能将带给人们可信赖、可预演及可期待的认知方式，使消费者在快速自如地进行前瞻性活动的同时增强产品效能传达，实现产品设计的目的。

（四）情感功能

情感功能主要表现为产品符号内容引起的消费者心理反应，并与消费者的情感世界产生共鸣，实现产品情感信息的有效传达和交流[1]。节气文化本身作为一种民俗文化符号，其情感意识主要体现在对时序感怀价值、能量信息价值、文化寓意价值及共情关照价值的追求上。人类通过感知产品所呈现的时代感，涌现对过去时间中人与物的感怀情感；通过产品所暗示的节气信息赋能于人的精神世界；通过文化的内容寓意引起心灵的期望与回归；通过自身感受所带来的共情愉悦、人文渗透实现文化反应、情感超越。因此，在情感功能照射之下，化无机性为有机性，打破机械式的冷漠与单调，让产品设计能从冷寂固式向活性活态的意识转化。

依托二十四节气文化进行文化产品创意设计时，需注重功能的有效发挥，使人类回归生活本质，并构建起相应的文化认知、价值使用、体验互动、情感回归等意识流。由于上述各功能的特殊价值既基于个人行为习惯的感受，同时又与周边环境有着紧密联系，所以功能设计要注意消费者对生活本质差异的需求，也要在寻找产品的功能量化中孕育多模式的联系契合点，真正构建功能实用的产品体系。

[1] 李亮之，郑铭磊，赵娟．设计符号与产品的趣味性 [J]．包装工程，2007（06）：159-161．

五、品牌识别性下的呈现机制

品牌作为一个现代市场的概念，有许多新的含义。美国市场协会（AMA）对品牌的定义是："品牌是一个名称、标识、符号、设计或者是所有的组合，用来区分不同的产品或者服务。"这是在符号的层面对品牌进行的定义，然而在实际的应用中，品牌的含义不仅仅是一系列标识和符号，还包含着很多无形的元素[1]。品牌识别性强调对文创产品整体形象以及服务体系的系统性构建。文创产品必定同时蕴含了"文"的优雅意蕴与"创"的表观奇迹，既能从时间上追溯文化以安抚当下精神信仰，也能从空间上定位形态要素以拉近人与物的距离。当文创产品在本质上体现"文"的寓意魅力和"创"的意外智慧时，从根本上讲这也是群体在有意识与无意识的自我状态下的品牌认知。设计师在产品呈现过程中突出了寓意着文化关联所承载的认知焦点和形象确定性，将产品的"文"与"创"高效融合，直达品牌的高度识别性。

市场经济之下，通过不同识别要素相互作用，设计者可从不同层面为品牌的开放识别搭建起具象与抽象并存的认知性，涉及文化的本质、审美和品位。这种品牌的形象定位能达到促进产品销售、提升审美趣味的双重目标，并形成文创产品的多元评价体系与品鉴维度。在具体产品品牌打磨中，市场的精准定位、产品差异化、符号识别系统、传播通道的机制流程等都是在品牌识别之下完成产品知觉化的过程，设计在完善产品外观、功能、审美等各项基本要素后，要注重品牌形象定位与文化认知。在二十四节气文化创意产品构思时，节气元素符号首先能直接与人类视觉感知相关联，如节气文化的时间刻度符号、文字造型、依附颜色、数字等都能关联。其次，节气文化中的文化寓意以潜移默化的导向方式将人的思维引入意象的识别，正如歌谣谚语、民间传说、农事生产等所萌生的心理定势。尤其是节气文化中的色彩韵味更是直接将人类视觉感知转入意会的心境，如立春映射绿色的万物新生，立夏映射红色的炎热平暑，立秋映射黄色的物丰秋实，立冬映射白色的冰雪严寒。最后，节气文化中的物象活动内容促使主体对体验的深化认知，如鞭春牛、中元祭祖、冬至吃饺等画面形象能直接精准地给人带来活动事项认知。

---

[1][美]凯文·莱恩·凯乐.战略品牌管理[M].卢泰宏，吴水龙，译.北京：中国人民大学出版社，2009.

（一）品牌定位

品牌定位即产品在消费市场中找到自己明确的位置。文化性的创意产品之所以区别于普通商品，它在满足基本实用、美观等设计要素的同时，更注重设计的文化内核，以此决定了文化在品牌定位中的重要性。在节气文化产品的品牌构建中，需要对目标市场进行细化，结合市场消费人群的需求与偏好协调好产品定位。由于节气文化是整个中华民族遗留下的文化遗产，具体地域性表达差异明显，同时每个人都有对过去的回忆、对未来的畅想，这些因素都构成了对当下文创产品的差异化体验需求。尤其是当下旅游型文化创意产品，能够反映出市场对于文创产品的消费需求。因为市场的品牌定位分析涉及价值观念、购买心态、多元化的消费需求，而人群的消费行为也因此关联到产品的设计理念、独创性和精神文化内涵。所以根据构建上述品牌的形象要求，市场定位分析将决定着消费者对产品的认知及市场销售。

（二）产品差异化

文创产品有着自己独特的文化内涵，其"情怀"是卖点，"文化"是底蕴，使得产品创新设计从普通趋同性向活性活态转化，促使产品差异化越趋明显。文创产品有了自己的品牌形象定位后，产品就不能再简单复制，而需要创新思维来支撑产品的差异化。大数据和万物互联，造成产品设计趋利跟风严重，形成各种盲目照搬化的僵化范式，这难有创新性、差异化的设计产品产生，并导致人们对产品态度及期待出现乏味心理。这也要求当下设计师塑造别具一格的文化产品，在品牌系统化过程中下功夫。具体而言，产品差异化既要在品牌商标、宣传文案、形象代言等外在方面独辟蹊径，也要在产品质量、文化凸显等内力上打造品牌，增强产品的新颖性、趣味性，实现产品真正的高附加值，集中信息以达到可识别性。

第二节　文创产品的"形变"六法

"动"态思维活动下的"形变六法"可改变人类固定思维表达下文创产品的常态基因，进而让人获取异样形态的真实感受，形成形态创意源点之"仿"、形态创意变更之"换"、形态客观功用之"调"、形态主观审美之"饰"、形态创新集中之"合"、形态创新质变之"化"等自觉能动创新活动，（图 3-14）用户群体对文创产品的体验从自身视觉异样性、个体感受性、共情关照性等视角，孕育出各自独特的审美意识变化与对产品的适用价值诉求。

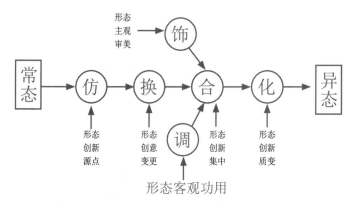

图 3-14　常态与异态变化过程中的动态思维

"仿"的模拟式动态思考作为产品创新的思维起点，以取象式联想思维方式进行造物活动；"换"的置换式动态思考以发散式联想思维方式进行自身解构而达到视觉新颖；"调"的渐变式动态思考以变迁式联想思维方式进行自我过渡、自我探讨；"化"的形变式动态思考以跨越式联想思维方式实现产品的形态创新上的深度演绎；"饰"的装饰式动态思考以形式感的存在承担事物外表的界定作用，并反映设计目标背后所隐藏的审美、伦理、文化等价值倾向；"合"的组合式动态思考以集中式联想思维方式进行异样视觉形态再造。（表 3-1）综合之下，创新六法发挥各自独特思维优势，更充分地让设计师表达自己的创意想法，可为形态创新设计及产品审美提供新的视角与途径。

表3-1　动态思维下的形态变化类别比较

类别	形态特点	基本操作	具体参照
仿	形态模仿	仿照自然物及人造物的外形、结构、功能、肌理与质感、生命特征	人物、动物、植物、日月星辰、微观生物、人造物件、卡通形象、符号标识……
换	形态置换	以同形同构、同形异构、异形同构等方式置换整体样式或不同的分解部位	形状、结构、材料、外表等置换
调	形态形变	以渐变成特异的方式动用物理或化合手法处理物象形态，并在形态的功能使用上适应多用途需求	物理动作：扭压按挤撕弯溅，绑拆增减破折转，翻悬吹移阻升拓化合动作：烧煮腐蚀
化	形态质变	截然不同形态间的关联或零构件组装成全新形态	以简明向复杂化形态转变；以零散向整合形态转变
饰	形态装饰	外表涂饰或局部小型物件的堆积成型	添加具象、意象、抽象的图形或实体构件
合	形态组合	形态在功用、样式、材料等方面的集成	拼装组合、隐藏组合、技能组合、生活行为组合

"形意场"理论下的"形变"六法将节气文化匹配于产品设计中，使文创产品多样化与异样化并存，在实现形式异样的同时还侧重于内容的智能化释放，赋予存在形态的能量转换与集聚。作为异态呈现机制下的"形变"六法既是高效能的审美意识变化，同时也是高价值体系的设计思维方式转变。

一、"仿"的模拟式创新

"仿"的模拟式创新即针对自然界中万物形象与姿态发挥取象式联想思维方式进行模拟制作，以吻合文创产品特质达到客观再现的设计活动。就其本质而言，这是思维主体运用模拟式的动态思考并遵循一定的伦理运作程序对客体进行再创造的活动过程。它也是人类为满足主体特定需要有目的地从事对"被仿"事物特征的具象化或意象化的艺术活动。"仿"的模拟式动态思考不是简单意义上的外形蜕壳而穿上"新形式"的外衣，更不是亦步亦趋鹦鹉学舌式照搬，而是在综合考量人类客观伦理道德、原则内化基础上对所"仿"设计的外修与内炼，进而获取"异样化"的认知。"仿"的对象既可以是对自然物象的思考，也可以是对人工物象的思考；"仿"的方式既可是具象之仿，也可以是抽象之仿；既可以是静态之仿，也可以是动态之仿。参照方式不同，存在形态亦不同。

同时，"仿"融合了"静观"方式来直觉感知对象与"动观"方式逻辑分解对象，既"以类度类"，又"化裁变易"。静观直觉过程中，所视皆可仿；动观分解过程中，具体物象形态、结构、功能、质感肌理、生命化、声音等都能成为智能聚焦之下"仿"的素材，并上升为探索式的逻辑分解思考。二十四节气文化借助"仿"

的动态思维从而实现自身的存在，这种存在强调其文化感知性与架构实体相结合的实体状态，在产品输出的同时实现文化基因的能量转换，为形成真正活态传承建构起智慧之源。

"仿"作为产品形态创新的思维源点，人们往往根据自己的特定理解与需要，选择不同的事物要素进行造物活动，从而赋予产品不同的意义。这种"仿"的构思方向可归为以下几类。

（一）仿"形"通变

"形"作为世间万物的外在表征描述，既指物质实体的存在，也蕴含非物质的"寓意、象征"概念在头脑中的定势[1]。无论对具象之"形"的客体把握，或对抽象之"形"的演变追求；还是对静态之"形"的思辨，或对动态之"形"的捕捉，无不以"仿"为基点，可以说"万物皆有形，万物皆可仿"。上古时期人们就采用"观象制器"的基本方式进行对象感知，以对象特定基质表达人的需求，这不仅是对事物的直觉观察，更是通过主体对所触及对象的逻辑认识与形态超越。当主体对客体对象进行省察与过程体验，并确保"形"离不开"形似"的基本视觉判断时，才有了"动"态思维活动下"仿"的表达基础。

"形"的直觉思辨可以说是先通过概念、表征获取对象初步信息，进而把握对象的属性细节，它凝练着人们在认识对象、把握对象、致用对象的长期活动中积累的丰富经验和智慧管理，是一种具有独特思维的高效取象思维方式。以"立春"竹灯（图3-15）为例，用"仿"的模拟思维静观"竹"的直觉，竹的中空外直节节高升的画面映射于主体大脑，并赋予气节、清高、坚贞的精神文化标签。以"动"态观观竹时，竹子外在形态从根系到竹笋再到竹子，经历了时间与空间的双向突破。内在结构以"H"形的上下重复叠加，中空外直，节外并"生枝"，内藏功能兼有盛物与支撑作用。表皮肌理附着竖向丝状线与围合纹样。动态生命从竹笋到竹子，呈现字母"A"到"H"的生长态势。在光影作用下犹如幽瑟般清脆，并向外辐射，形成水波纹路。竹作为"立春"节气下的显著性象征物象，外部造型与内在结构功能所表现出的价值为产品提供了新的欣赏趣味与美的意义。

设计者可通过"立春"节气的语义、形态、色彩因子的可视化提取，关联至竹本身具有气节清高、中空外直、四季常青的特征，并对当下常态灯具所具

[1] 范伟，焦国松 . "仿"以开物，通变以"新"[J]. 美术大观，2021（01）：92-93.

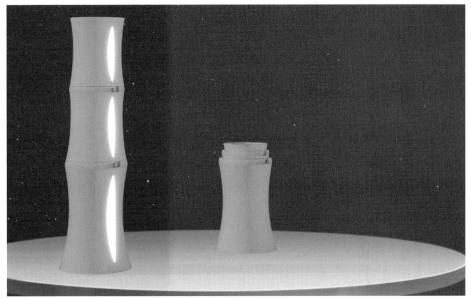

图 3-15 "立春"竹灯

有的发光、便捷等功用进行分析，展开"立春"节气文化因子与灯具的匹配。竹的中空处可放 LED 光源，并由内而外散发不同冷暖性质光源；灯的竖向纹理质感与竹的肌理保持同质同构，让人在可视、可触的亲身感知上能保持一致；竹的底粗尖细的生命化长势对应灯具可调节高度的功能，灯具以相互咬合方式形成"旋转"动作来完成高度调节，象征生命的成长；外力敲竹形成的"水波"声辐对接灯具受外力触摸而产生的亮或闭，同时随外力触摸时间长短控制灯源亮度。在形态缩放与轴旋转方式之下光影四射，灯具以枝节的装饰，还原了竹的形态，更还原立春节气的文化内涵。

　　在整个文化创意产品生成过程中，从语义分解到结构分析再到形态演变，最终到方案的生成，都在"仿"的模拟思维下完成"立春"所象征的生命复苏、生机盎然的景象。竹的造型衍生出灯具形态，绿色涌现出立春情境，让人感怀节气魅力。

　　在"仿"的动态思维之下，"形"的通变来逐级分层确定物象的各样式存在身份，实现多形态信息的可视化模型构建，并能够从某一方向的局部调整与整体变化，确定生成对象与具体相关物间的可识别性，同时赋予设计者无限思维变化的可能性。

（二）仿"构"通变

"构"指事物的内在组织结构，包括自然系统中的动植物结构、人工系统中的人造物象结构、宏观视角上的逻辑结构与事理结构、微观视角下的组织细胞与原子结构等。"仿"事物结构的构思，就其根源来讲，借助对象的结构属性来实现产品的架构存在，在结构内炼中把握"形"的外修，获取"隐而美"的认知。

当"仿"作为动态思维手法进入产品形态创新活动时，其"构"的通变构思以"结构"的模拟方式，要求呈现被仿体的整体规律性与组成逻辑性，因此设计者"构"时需要遵循"客体—主体—客体"的逻辑程序。如"雨水"椅（图3-16）以节气中"雨水"时节下农作物活动特点，提取生物生长过程的根叶结构，运用抽象、组合、变化等多种形式展开创新设计，以此增强产品文化创新意向。

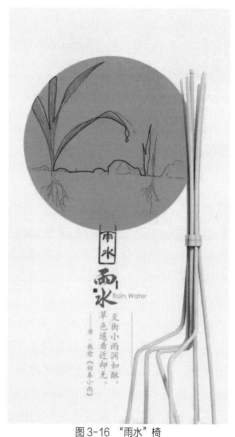

图3-16 "雨水"椅

（三）仿"用"通变

"用"指功能、效用。"仿"功能的设计活动是建立在对客观事物的功能原理、巩固性质的根基上的，设计者从中获得启示以促进各类产品合乎功能延续、形态适宜、效用提升。人们在从事"仿"的活动过程中，不断探寻客体功能之间适合产品的联系点，以契合或改变现存的生活条件，同时也不断地改变着自己"仿"的思维方式。仿"用"的通变构思，既可基于人类衣食住行学劳乐等多方面能动性需求，也可根基于"被仿"事物本身因环境变化而内化出的合乎人类主观功能方向的被动性需求。

面对客观世界的功能原理与自然界的规律特征，设计者将之与各种产品实体和服务形态相结合，形成各种具有功能启发性的创新产品，或者延伸出人类意想不到的功能外的审美情趣意识。如"白露"水壶（图 3-17）的设计，提取"白露"时节露的元素特征，模仿露水滴下的自然规律，与生活中具有类似重力原理的物件相关联。同时，水壶外观模拟树叶结构，使之方便提携并起到隔热的效果。这种仿"用"的构思依赖于自然界已有现象或原理，通过人类对应产品的信息交换，将人们对产品的认识转化为"以我为用"的价值取向上来。

图 3-17 "白露"水壶

（四）仿"质"通变

"质"指事物的质料、肌理。"仿"质料、肌理的通变构思，旨在针对物体的基质构造属性设计来传递具有高度识别性、视觉审美性、触觉认知性、文化达情性的艺术活动。质地参数通常受到客体本身材质的限制与主观技艺制作的影响，产品通常在粗细、光滑、透明、疏密、曲直等参数的表达下进行质地呈现，在交融中让人达成多样化的视觉与触觉感受，最终通过质感与肌理的突出方式强调自身形态与主体审美意识。质料之"仿"改变了物体单一僵化的外形同质化问题，弥补了物质细节信息以处理视觉判断。因此，"仿"质感肌理的认知结构，将可视化的物质信息与非理性的情感因素熔为一炉，使物质信息贯穿于非理性的情感意志活动中，共同为探寻符合人类身心活动的产品样式提供设计思路。

基于节气文化因子来考虑文创产品的质料、肌理之"仿"时，借助节气多样时序刻度符号、冷暖交替意识下的标识所产生的肌理等从事"仿"的艺术活动，可表达多样视觉变化、情志转移、生态连续的新型价值观念。

（五）仿"生"通变

"生"指生命化、生态化、应然化。"仿"生的通变构思旨在面对天地万物生生不息，所呈现的顽强生命力，寻求生命化的视觉再现和生态化的连续和谐，并以拟人化或拟生物化的方式外求生命活力的产品呈现，内炼生命及生态的情感意识认知。无论是对动植物生命的把握，还是对自然系统的应然追求，无不以"生"为大德目标，催生事物更新，孕育生命创生。

顺承二十四节气文化下个体生命与社会、自然之间的和谐关系，设计师应进入"仿"生命化、生态化的本真节律，重拾文化因子的"活"性认知，交织出节气文化、产品载体、用户群体的共性生命回归状态。

（六）仿"心"通变

"心"这里指人们心之所存的观念、膜拜、信仰等心理定式。仿"心"的通变构思将内心所思以视觉的转换方式来实现形态的创新表达，转换能力越强，形制创新样式就越丰富。但"心"更多时候表现的不是客观存在的事物，而是主观属性非逻辑表达的一种抽象的心理定式或意象征兆，因而仿"心"即是一种尽意以立象的虚拟形态创新思维，且随人在不同时空状态下的主观情绪而发生相应变化。具体来讲，主观属性非逻辑表达主要呈现在情感精神、信仰象征、感悟状态三个方面。首先，主观化的情感精神创新受情感属性（喜、怒、哀、乐）的制约与影响，形成带有感情色彩的神情姿态和形象装饰，如凶猛威严的狮、性情温和的熊猫、高雅纯洁的仙鹤等。其次，主观化的信仰象征创新可通过记忆型的联想与相从型的实象进行关联预测，人心中之意就成为实体之形，同时赋予象征意义，如象征吉祥灵瑞的龙、吉祥喜庆的凤、健康长寿的龟等。最后，主观化的感悟状态创新主要集中于气场的雄伟与否、天理的和谐与否、欲望的自由与否等状态，并在主观心智决策之下输出完全不同的样式模型。这时，形态呈现方式就会向意想不到的创新方向生成，既以形写"意"，又由"意"化形，建构起神形兼备的产品形态。

节气文化之下仿"心"的通变构思旨在针对消费人群通过民俗活动、歌谣谚语、民间传说等具体内容产生相应的心理定式，以勾勒出具有抽象性质的概念、符号，从而激发生命的通感、心灵的渴望。设计师可借助仿"心"的思维活动，扩大节气文化基因在不同领域所展现的多样精神需求，呈现"所见即所得、所触即所得"的心态趋向。

"仿"的模拟式动态思考作为产品由常态转向异态的创新思维方式，它的核心在于针对人与自然活动的本质关系，使"仿"不局限于纯粹形式的标签，更着重对产品载体的特定内省、对文化的特定解析、对用户群体的特定认知，从而践行知情意一体化的活动过程，实现"真善美"的文化创意产品。

二、"换"的置换式创新

"换"的置换式创新即针对产品形态自身或形态间的元素符号进行互为置换的表达方式，它在保留原型痕迹存在的同时，又区别于原形态，可延伸出系列化产品的样式。这是因为"换"在发散式联想过程中，竭尽所能地认识事物的典型特征，以此可换出多样性的产品形式及类别。

当设计者运用"换"的动态思维将两个以上物件中某些相似的元素巧妙地结合后，会形成一种特定产品形态的创新图式，呈现出形态置换套路的特定理解方式。"换"所营建的构思方式可分为同形同构、异形同构、异形异构，并在产生新形象、新概念的过程中不断综合多方面因素，共同作用于设计认知的思维结构。

该方法在产品形态推换过程中，使得事物在特定环境中表现出特别的视觉

图 3-18 "清明"花酒

关注点，所强调的整体与局部关系也尤为凸显，并让事物的形态承载着应具有的文化价值信息。其次在产品变换过程中，人们借助视觉新颖上所带来的主体性审美价值提升，较集中地表现为内在心灵朝真善美、和谐化方向的发展。另外，在产品应用的能量转换过程中，产品服务系统除了统摄人的基本感官体悟，还合理协调因人而异的能量阈值判定，使得个体感悟高度灵敏，能有效推出富有哲理与内涵的创新产品。再次，产品文化属性换动过程中，将常规生活产品原有文化属性增添或换成其他特殊的文化意识内容时，会产生出更具特色的文化创意产品。这使得产品在"意"的本体价值上被充分肯定。如以"清明"节气为文化元素创作而成的"清明"花酒（图 3-18），对普通常规鼓的红色表皮换以象征"清明"时节的装饰元素，使其成为被赋予了一种稳定文化内涵的节气文化创意产品。

"换"的思维方式向人们揭示了"形态"蕴含的元素特征在思维联想下可自由替换的必然性特点，并在设计活动中形成相应的置换机制和逻辑依据。因而这种由表及里的创新思维方式也为产品形态创新畅想提供了优良的模式图谱。

三、"调"的渐变式创新

"调"的渐变式创新即针对产品原有形态进行有针对性的物理机械或化合处理的设计方式，从而产生各类渐进式形变的样式[1]。"调"既是设计活动过程中设计者对客观事物动态性的掌握，也是设计者为寻求更好状态及更新样式而不断调整产品的过程。在调整过程中，设计者凭借自我需求效果而不断调整事物的性质，以期达到最佳视觉形态。

（一）物理调节方式

物理机械性质的调整，有按、挤、压、旋转、弯曲、捆绑、撕扯等动作，可进行合理的创造性调节，整个过程意味着对可控资源的创造性利用。除此之外，"调"的动作程度及范围也是可调整的，如"调"的动作深浅、大小、硬软、方位、虚实、粗细、厚薄、宽窄等皆可充满主观性。但这种主观性融合了产品的内外环境需求，结合了一定的文化性、社会性、价值性、审美性等，而不是盲目地随意扭曲产品。因此，"调"就是使客观事物不断适应主体需求而展开设计创新的过程。如以节气文化为主题设计的夏荷·冬粥（图3-19），通过"立夏"时节所呈现的"荷花、荷叶、青蛙、鱼"等元素设计构思。用调节的设计手法，使荷叶扭曲变形为花瓶，同时调整后的形态类似"鱼"的视觉形象，表现出"立夏"时节生机盎然、积极向上的特点。

图3-19　夏荷·冬粥

[1] 范伟. 空间语境下的家具形态创新研究 [D]. 中南林业科技大学，2015.

（二）化合调节方式

在非机械性质的化合动作的调整过程中，通过烧、煮、蚀等手法展开创造性的设计活动，最终达到适合需求的理想状态。如对埃托·索塔萨斯的书架作品通过火"烧"的化合处理，书架虽"烧"去一些地方，但其搁物功能保持不变。这种"烧"的动作既是"调"的全程监控所得，也是对资源的合理控制，最终达到事物的适合状态。

在围绕对象进行设计时，"调"的设计手法通常表现为对物象局部的特异与渐变，并通过既有的关系推导出全新的呈现形式。首先，局部的渐变往往能够清楚其中的逻辑，明确其中的发展规律，无论从混沌到清晰、无形到有形、无序到有序，局部的渐变总会存在原型痕迹。其次，局部的特异会因为瞬间的改变或突破而形成视觉焦点，产生出乎意料的结果。如常规长椅材料突然弯曲起伏、常规抽屉方向突然改变角度、普通静态样式突然换动态生命力样式……可以看出，在"调"的创新设计之下，可使得设计思维保持多样性、异样性存在，让产品的形态表现技巧及结果异常丰富。

四、"化"的形变式创新

在形意场理论下的各类创新手法中，"化"的动态思维表达尤为新颖独特，其质变过程是对既往痕迹的超越与对常态基因的突变。"化"的形变式创新旨在不同事物形态间寻找联系点，并在形态的跨越式转变过程中确定事物形态的方向[1]。正如"化而裁之谓之变，推而行之谓之通"（《系辞传·上》），这是针对"器"与"道"的交感化育与互为裁节，让人对事物"形"的变化有了本源抉择判断。这种本源使得创新设计在保持原始的生长状态和复杂的变动融合中，通过思维状态的突破与逻辑的反复辩证考察来寻觅多样性的契合点，完善演进轨迹中的形态"短板"，确保"形"的独特样式和"态"的独特态势。

受主体惯性思维判断的体悟与意会，思维往往会僵化，"化"的形变式创新脱离常规的平庸化与趋同化，尝试从不同事物间的形态规律与能量动机中探寻结合点，并以之为楔子，跨越"常态"的认知范围，建构起质变的"异态"逻辑体系[2]。就"化"的手法认知结构模式而言，形态创新需要对事物知识信息、

[1] 范伟.空间语境下的家具形态创新研究 [D].中南林业科技大学，2015.

[2] 焦国松."巧"破于形，"化"而生新 [J].中国民族博览，2021（03）：145-147.

能量聚焦、价值意义的关注，同时也需对时代特色、文化背景、风俗习惯以及外观形态的情感内涵进行把握。设计者可用"化"找到不同事物之间在形态、结构、功能、心理定势等因素上的联系点进行契合，突破常规形的束缚，寻找出某种属性或视觉观感的创新，以获得异样的新生，并带给人们美的感受与精神思考。

思维作为一种主观精神活动，是人类对客观事物间接的概括和反映以及自觉地把握客观事物本质和规律的认识活动[1]。"化"的形变式动态思维联想方式正是以"巧"的智慧动机出发，将功能与形式顺理成章地联系起来，在"适"的恰到好处中转换出异样的形态，并在"事物"价值呈现中回归到"形"与"意"之间不同程度与状态的表达，更在巧思妙想中推动设计突变思维的有序构建。从形态"创新"到创新"形态"，有赖于"化"在多样"联系"过程中的精心推敲。由此，"化"在形态转换中的思维逻辑可归类为三大方向。

（一）藏巧于拙，因应时发

"万物之始，大道至简，衍化至繁。"（《老子•道德经》）当事物常常以咬合、收缩、旋转、楔进、化生、折叠等方式作为形态变化的"机关"时，形态或显于外，或藏于内，达成既往形式的"破"与"立"，不带任何演进轨迹。如中国古代记载的家具《匡几图》（图3-20），其拼装组合的过程是对"巧"智的思考，可巧妙地利用榫卯组构出立体式的博古架，并考虑了拆卸搬运因素，使所有构件尽可能收纳于一匡箱中，以适应不同时需、不同物需、不同视感，追求多样化的设计语言。这种交叠收纳的过程是一种对"藏"的提前"预谋"，其具体形态的交叠关系、具体"匡"与"板"在尺寸方面的精工打造都是为了迎合"藏"的适宜，有"牵一发而动全身之效力"的匠心。正如朱启钤先生在《匡几图序》中所描述："不假铰链之力而解合自然牢固，诚巧制也。"其在形态呈现过程中，从有序到无序状态的建立是将刻板印象的打破，从无序到有序状态的回归是相互联系点的触发结果。古人造物正是藏于谋，巧于拙，变而异。所谓"形化"与"物化"（《庄子•齐物论》）即是在造物跨越变易的过程中呈现物象由一形转化为另一形的状态。

形的质变贯穿于"巧"的联系，"巧"的造化得益于人的智才，人的智才

[1] 胡飞.中国传统设计思维方式探索[M].北京：中国建筑工业出版社，2007.

设计中节气文化的活态传承

图3-20 《匡几图》

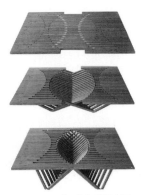

图3-21 "飞变"系列家具

来源于物的适用致思。面对多样主观物质需求和多元能量信息构建,"形"在质变过程中孕育了情感内涵、时代特色、文化背景及风俗习惯的动因。其在达成物尽其用的同时,还聚焦能量信息的"对话",筹谋精确无误的"时变",带来多种创生性的质变样态。因于形,应于人,时而发,多通道建立起特殊的新样式[1]。"化"的精心安排使得形态充满精确表达,设计者借助这种表达应然于人的主观需求,来完善空间要素的建立。

(二)应适嬗变,除旧布新

巧于形变,适得其"用"。以"变易"为核心的致思倾向是创新设计的根本出发点。"化"的形变式思维在人类创新力度上,更充分地表达了变易过程的逻辑,更完整地呈现了人的主观憧憬表现出的价值取向。如"飞变"系列家具(图3-21),正是以"化"的手法对家具形式与内容进行简易便捷设计。以"变"为核心,依据"巧"的嬗变和"适"的所宜来展现变化多端的形态样式。当为满足功能需要时,"飞变"家具以交叉的方式变出耳目一新的"立体"状态,并满足物品搁放功用;当为节省空间时,"飞变"家具以叠合的方式变成"片"状;当为迎合主观审美意识时,"飞变"家具可因个人需求的不同而随意调节,既可随环境差异变化,也可随人的主观调节,带来丰富的新形态。这种应于人、变于形、适于用的思考正好多视角地表现出形态质变过程中的种种认知取向。

"变则化,由粗入精也;化而裁之谓之变,以著显微也。"(《正蒙·神化》)通过探寻事物更迭演化

---

[1] 焦国松."巧"破于形,"化"而生新[J].中国民族博览,2021(03):145-147.

中的动因与规律，在"形"的嬗变过程中完成视觉观感的创新，在"态"的发展过程中有效实现精神内化。"化"的巧捷万端式创新过程，不仅是除旧布新的过程，更是由 0 到 1 的质变过程，从而脱离固有形式，表达出爆发式的突变创新设计思维。

（三）养形蓄意，返璞归真

物必成形，形必有意[1]。"形"与"意"从来都是相辅相成的，"形"的外修驱动着事物的日新月异，"意"的内炼提供给人精神升华，同时又催生不可预知的新"形"。人类通过造物的方式确立起形态的认知内容，并与之产生感知内涵的心理意象，这使得人们对现有"形"充满异样期待的同时，又集中于对"意"的独特性追求。"化"作为一种"动态"性的创新手法，同时也是一种具有前瞻性的行为活动，其思考方式体现出人在对"形"的客观蜕变中融合了"意"的主观认知与分析。对呈现形式、功能属性、视觉观感、材质表达以及技术手段的关注是为了让"形"更好地建立；对文化背景、风俗习惯、时代特色、情感隐喻的关注是为了让"意"更好地表达。如法国设计师帕特里克·茹安设计的柱状折叠凳（图3-22），其在"旋"的动作下完成对"形"的异样处理，并让富于时代特色与审美意识的"意"得到传达。可以看出，"化"在跨越过程中并不是机械式地转变，而是在养形蓄意的过程中确立了多方面"形"因素与"意"意识，再综合创造性地展开形态表达。

"乾道变化，各正性命，保合大和，乃利贞。"（《易·乾卦·彖》）"化"在自身跨越式质变过程中，其状态与程度并非杂乱无章的"自由"散发，而是

图3-22 柱状折叠凳

[1] 范伟,彭曲云.空间语境中的形与意[J].家具与室内装饰,2011(11):48-49.

设计中节气文化的活态传承

在"形"的基础上对外形、结构、功能、质地、技艺等要素的协调联系和在"意"的基础上对审美、情感、寓意、内涵等意识的和合联系，在体认与意会双重过程中回归真质的生产生活，表达真诚的创新形态。

综而述之，"化"的质变思维逻辑体现在"巧、藏、适、变、意、真"六个方面：在"巧"的见微知著下寻求精工简形的契合点；在"藏"的机关预谋下有迹可寻地找到巧捷的开合方式；在"适"的因人制宜下填充多样身心需求；在"变"的嬗变万端下呈现异样且丰富的形态；在"意"的微言大义下内炼与升华情感温度；在"真"的生机秉承下合和本真生产生活。上述六方面的起承转合之下，设计者应以动态的思维探寻多样联系点的契合，以形态的异样展现多元信息，以审美的意识捕捉创新活动的踪迹与心理表征。（表3-2）

表3-2 "化"的质变思维逻辑表

逻辑点	具体方向	逻辑联系	具体归宿
巧	尺寸度量、形态变化、时间把候、技艺精工	藏于谋，巧于拙，变而异	联系点的契合
藏	"机关"之藏、"预谋"之藏、"动机"之藏、"规律"之藏	因于形，应于人，时而发	
适	功能适用、结构适理、空间适宜、审美适趣、形态适异	应于人，变于形，适于用	
变	绽放、折叠、旋转、收缩、化生、楔进	破于形，变则化，革而新	
意	文化寓意、时代特色、风俗习惯、情感内涵	养形，蓄意，厚积而薄发	
真	形态质真、情感诚真、生态伦真、生命本真	形意合和，返璞归真	

五、"饰"的装饰式创新

"饰"从字面上看，作动词，意为装饰、装扮。《辞源》中有："装者，藏也，饰者，物既成加以文采也。"同样，"远而有光者，饰也"（《大戴礼记·劝学》）也从审美意识的维度探讨"饰"所蕴含的形式美感特征。设计之"饰"体现出审美意识所包含的趣味性及吸引力，在身心体验上较集中地表现为对以视觉为中心的"形式感"的关注。

"饰"的装饰式创新即针对形态本身添加纹饰、色彩等具有美化意味的形式以达到产品美化的目的。首先，"饰"在形态处理中，主要目的指向"美感""趣味性"和"吸引力"。如产品大小、形状、材质肌理与质感都可呈现出一定的"装饰"特征，才会有产品的形式美感。其次，"饰"的手段强调"添加、组合"等方式对产品展开的形态创新，从而达成材质融合、技艺关联、色彩映射、形式匹配等装饰性语言。古时中西方的民众多以装饰作为重要的创作追求方式，从不同层面探寻"饰"所带来的审美趣味，装饰语言发展到巴洛克、洛可可时期，尤其在维多利亚风格的极致发挥之下，极端的"装饰"形成繁缛、奢靡的审美观念与审美意识。到了工艺美术运动时期，设计观念意识的改变催生出新的审美意识和审美价值，以威廉·莫里斯和约翰·拉斯金为代表的自然主义者开始摒弃繁复的装饰，提倡以质朴、明快的自然主义题材进行装饰。同样，新艺术运动也强调对自然的模仿，其强调抽象性的主题式营造，而不是一味地堆砌，装饰手法实现了统一把控，冗余的装饰渐渐被清理。现代主义以来，装饰的传统意义被彻底推翻，人们认识到这些矫饰、繁复、奢靡的传统风格只是为了满足视觉需求的堆砌，而无法上升到更高的品质层面，也无法指向心灵深处的审美追求，于是出现了"装饰即罪恶""少即多""无装饰主义"等口号。

无论怎样，"饰"作为设计过程中特殊的思维方式与处理手法，其作用与价值是毋庸置疑的。"装饰"体系化的建构问题实际上也是对"饰"合理之道的辩证思考，"装饰"之用依然有一定的影响力。设计范畴下的"饰"使得设计活动能进行有意识的手段归纳与目的指向，让形式美感与文化价值都变得有迹可寻。"饰"的设计范畴主要体现在审美范畴、设计意识与伦理价值三个方面，各自在直觉功能、文质相称、道德反映基础上展开多样性的装饰意识样态及类别区分。可以说，以"饰"为思维切入点可展现不同维度下的设计价值观。（图3-23）

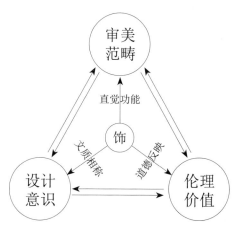

图 3-23 "饰"呈现的设计范畴

（一）审美范畴之"饰"

从传统意义上讲，"饰"更多地集中于美化意味的强调，一定程度上要迎合大众审美意识与文化价值。当然，"美"的形式因人而异，人们对事物的样式追求也充满了主观性，存在度量、多寡、疏密、虚实等意识落差。这就要求设计师在能动性"饰"物过程中要针对主体审美差别合理选择判断，有效调和有形物质与无形意识之间的价值观念差异。产品设计中功能的塑造显然是常规模式下必不可少的内容，但形式却可以万般变化。现代主义以来"形式服从功能"的口号响遍整个设计界，如何让形式更好地、更美地迎合功能，审美就成为设计决策的关键点。

审美意识是涉及艺术的本质、美和品位，以及美的创造或欣赏的思维心智活动[1]。"饰"是审美范畴体系的重要条件，就在于它能以添加的手段达成器物美化的目的，向人们揭示"饰"所蕴含的形式美与寓意美，即呈现出"形"与"意"的和谐关系。所"饰"之"形"强调感官上的主观感受，讲求事物形式美感特征，在一定程度上成为事物标签鉴别的依据，如不同装饰符号元素会让被饰物有不同的外表特征；所"饰"之"意"强调内在的精神畅想，讲求"形"上升到"意"所具有的价值寓意及象征意义，通过具身认知与关联预测的心智活动，进行意向感知与精神升华。除此以外，"饰"所营建的"美"在情趣、真善、和谐等方面能动性感受过程中呈现出独立感受与精神思考，使人对"饰"的认识就有了类似"伦理"特征的判断模式。总的来说，"饰"可以以直觉的方式建构"器"的形式美感特征，生成精神畅想中"器"所对应的魅力，设计者用"形"与"意"之间的天然道器关系必然让"饰"呈现独特的审美范畴。

（二）设计意识之"饰"

"饰"之思孕育着不同层面的设计意识内容，面对可再生的物质能量信息，"饰"之法竭尽所能地将设计目标、服务对象、整体性营造、周边环境等影响设计的要素展开系统思考，形成环环相扣的设计意识维度来系统呈现，而不是展示独立的视觉"拼凑"存在，避免忽视"饰"本有的整体思维逻辑。如四川美术学院教学楼外观（图3-24）正是在"饰"的整体性思维下利用支离破碎的瓷片装饰成具有主题性的外观形态，而非某单一局部的随意点缀，其中就蕴含

[1] 覃京燕. 审美意识对人工智能与创新设计的影响研究[J]. 包装工程，2019，40（04）：59-71.

图3-24　四川美术学院教学楼外观

了"饰"所具有的整体设计意识。由于"饰"作为艺术手段存在数量多寡、程度疏密、性质刚柔等不同性质要素的制约，最终导致装饰设计存在"美"得体与否的认知，更直接影响到"饰"优劣标准的界定。"饰"能否成为设计活动的最佳选择就在于设计之"度"所限定的内在范围。所谓"度"是一种介于"过"与"不及"两端之间的均衡性，如同孔子提出的"中庸之道"，其强调各个物象和谐统一，即使在对立物之间也要遵循相互依存、相互限定的整体性原则。"质胜文则野，文胜质则史。文质彬彬，然后君子。"（《论语·雍也篇》）这从形式与功能的角度强调了"适度"状态的重要性，一定程度上对"饰"语言内在规律作出解释，提出应避免出现类似"史"与"野"的单向极点，脱离"饰"本有的设计价值。

（三）伦理价值之"饰"

"饰"的装饰式创新思维除了承担着事物身份界定的作用，同时在一定程度上也反映了"饰"物过程中所应遵循的伦理道德价值取向。装饰语境之下，装饰艺术方式的伦理价值体现在反思资源浪费、陷入审美误区、滥用装饰形式三个方面，这些都为"饰"的合理发挥作出价值判断。首先，资源浪费体现在装饰过程中追求过度标签化、形式化，材料过度使用，工艺过度繁缛，消费过度精英主义等，甚至为此忽略了事物原有的功能属性。其次，审美误区体现在装饰的误用，符号元素扭曲化、形式特征混淆、节点复杂混乱等装饰手段背离了装饰之"道"。最后，滥用装饰形式体现在装饰过程中刻意强调"装饰性"，过度变形、夸大关系、为了装饰而装饰等手法背离了设计基本伦理与道德，陷入"花枝招展"的设计误区。

凡是意识所想，装饰皆可介入。设计者在作好秩序、平衡、多样统一的基本法则后，也不可逾越"伦理"的底线，这体现了社会伦理道德范围之内的装饰意志与装饰自律。

受主观审美意识的差异化影响，产品形态所"饰"的体系千差万别，既可以是对装饰形象表面通过绘制、雕刻等方式进行富有形式美感的形、色、质等元素设计；也可以是对众多实体化的部件组合而成的富有生机活力的产品的设计。如以二十四节气文化为主题设计的陈设产品《染春》（图 3-25），在冷硬铁艺上面"饰"以暖色的软布艺，意在模仿"大寒"时节大雪纷飞、鸿雁回归的场景，将万籁俱寂过渡到万物复苏之景展现出来。其中布艺的装饰就成为座椅最醒目的组成要素，其包含了"饰"所体现的"审美"功能，同时表达了传统节气文化的魅力。

图 3-25 《染春》

六、"合"的组合式创新

"合"作为动态思维下创新设计之法的关键就在于：各种各样的事物要素间都可以进行组合，且组合的动态处理方式也可以是任意的。这得益于"合"本身就是一种形态间复合关系的构思。"合"可以是将形态打散再进行拼合，将各形态元素按最佳视觉效果、最适合组合结构、最契合节省空间等方式，进行拼装组合，在协调中达成多样化、多模态的产品形态体系。如《节气·七巧剪纸》（图3-26）正是以"合"的思维方式设计的文化创意产品，将智力游戏七巧板、二十四节气、剪纸巧妙地融合在一起，既可观赏，还可玩。每一套玩具都对应一节气，并用剪纸艺术呈现每一节气所包含的物候现象。当然，若想挑战难度更大的游戏，可将"春、夏、秋、冬"进行组合，玩法多样。此节气文化创意产品将一年四季的春夏秋冬四时与二十四节气组合于"以盈补虚"的七巧板益智游戏当中，并以剪纸的形式呈现出来，不仅有实用功能，更有传播传统文化和审美意识的功效，是将中华传统文化遗产精华与文创产品巧妙结合的，并寓教于乐的出色案例。

除了上述案例所展现的形态间复合关系的构思之外，"合"的组合式创新手法还具备不同要素之间的巧妙组合，以激发更有创意的文化创意产品。如不同功能、组织、系统、材料、技术、方法、状态、领域……都可以进行组合，表达不同的创新思维观念。在人类智能化的管理与组合之下，建构起符合环境关系的新

图3-26 《节气·七巧剪纸》

型产品。如陈设艺术产品《断霜谷雨·凝寒小雪》（图 3-27），以二十四节气文化为主题进行设计，将"谷雨"与"小雪"节气组合在一起，并提取各自的元素来丰富主题环境。屏风材质、配饰材质、桌子材质的组合，焊接与榫卯工艺的组合，以及它们各自不同的功能的组合，形成更加有趣且诗意的效果。"合"的每一次选择都是在人类智能认知聚焦之下的知觉化过程，并通过相互间关系的认识来探索出结构清晰、目标明确的创意设计方向。

图 3-27 《断霜谷雨·凝寒小雪》

下篇

节气文化创意产品的设计实践

第四章 节气文化产品开发的创新途径研究

本章通过对二十四节气资料的梳理，以第一个节气"立春"为实践范例，来进行节气符号的采集和特征提取，通过可行性方法将各特征进行可视化推演，以尽可能地扩大二十四节气文化基因库，为二十四节气文化的创新性设计寻找新的可借鉴方式。再将"立春"节气的分析方法应用到其他各节气中进行分析，以此来建立"节气文化意象符号与设计要素样本数据库"的构架。实践将结合现代起居生活方式和材料工艺技术，提出基于节气文化意象的文创产品整体性认知的创新策略，探讨基于生活方式、习俗变迁下的传统器物再生设计方法，并通过原创的文化产品设计来实践验证。

第一节　二十四节气符号采集与特征提取

二十四节气（图4-1）是古人经过长达五千年的历史积淀，对气象、天文、农业生产之间关系进行统筹思索而得到的智慧。传统节气是根据地球围绕太阳公转时在公转轨道上的位置划分的。其以立春为第一个节气，以15度为一个节气的间隔，运行一周转过360度经过24个节气又回到春分点。而作为第一个节气的春分，也正值北半球进入春天，万物开始复苏，开始了新一年的万物生长。

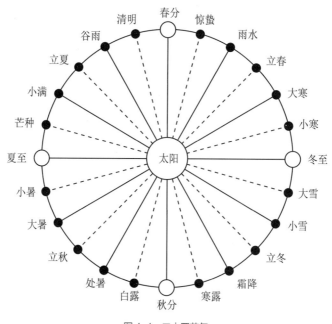

图4-1　二十四节气

节气严格意义上是"节"和"气"的总称。二十四节气在很大程度上描述了地球在围绕太阳公转的一年时间里人们所看到的大自然因公转而呈现的变化规律。为了方便设计创意的展开，特将二十四节气所对应的特征及物候的概述图表绘制如下：

表 4-1　二十四节气概述

季	节	时间	黄经角度	特征	风俗	物候反应
春	立春	2月3日—5日	315°	大地回春，万物开始生长	鞭打春牛、接春	初候，东风解冻
						二候，蛰虫始振
						三候，鱼陟负冰
	雨水	2月19日—20日	330°	雨水逐渐增多，利于农业耕种	闹社火、花灯	初候，獭祭鱼
						二候，候雁北
						三候，草木萌动
	惊蛰	3月5日—6日	345°	雷声多，冬眠的动物逐渐苏醒	打小人	初候，桃始华
						二候，仓庚鸣
						三候，鹰化为鸠
	春分	3月20日—21日	0°	气温回温较快，昼夜平分	送春牛、吃春菜	初候，玄鸟至
						二候，雷乃发声
						三候，始电
	清明	4月4日—5日	15°	清明时节雨纷纷	祭祖	初候，桐始华
						二候，田鼠化为鴽
						三候，虹始见
	谷雨	4月20日—21日	30°	多雨，适宜谷物增长	贴"谷雨贴"、洗桃花水	初候，萍始生
						二候，鸣鸠拂其羽
						三候，戴胜降于桑
夏	立夏	5月5日—6日	45°	万物繁茂，气温明升高	"立夏蛋，满街甩"、称人	初候，蝼蝈鸣
						二候，蚯蚓出
						三候，王瓜生
	小满	5月21日—22日	60°	江河渐满	祭车神、祭蚕、抢水	初候，苦菜秀
						二候，靡草死
						三候，麦秋至
	芒种	6月5日—6日	75°	气温显著升高、雨量充沛、空气湿度大	送花神、打泥巴仗	初候，螳螂生
						二候，鵙始鸣
						三候，反舌无声
	夏至	6月21日—22日	90°	暴雨、梅雨天气，高温、潮湿	庆丰收、祭祖先	初候，鹿角解
						二候，蜩始鸣
						三候，半夏生
	小暑	7月7日—8日	105°	阳光猛烈、高温、潮湿、多雨	食新、吃鸡蛋	初候，温风至
						二候，蟋蟀居壁
						三候，鹰始鸷
	大暑	7月23日—24日	120°	高温酷热，雷暴、台风频繁	烧伏香、吃凤梨、斗蟋蟀	初候，腐草为萤
						二候，土润溽暑
						三候，大雨时行

设计中节气文化的活态传承

（续表）

季	节	时间	黄经角度	特征	风俗	物候反应
秋	立秋	8月7日—8日	135°	万物开始从繁茂成长趋向萧索成熟	秋社、秋忙会	初候，凉风至
						二候，白露生
						三候，寒蝉鸣
	处暑	8月23日—24日	150°	暑气渐渐消退，天气虽仍热，但呈下降趋势	吃鸭子	初候，鹰乃祭鸟
						二候，天地始肃
						三候，禾乃登
	白露	9月7日—8日	165°	昼夜热冷交替，寒生露凝	收清露	初候，鸿雁来
						二候，玄鸟归
						三候，群鸟养羞
	秋分	9月23日—24日	180°	一场秋雨一场寒	秋祭月、吃秋菜	初候，雷始收声
						二候，蛰虫坏户
						三候，水始涸
	寒露	10月8日—9日	195°	昼渐短，夜渐长，日照减少，寒气渐生	祭祖、登高	初候，鸿雁来宾
						二候，雀入大水为蛤
						三候，菊有黄华
	霜降	10月23日—24日	210°	早晚天气较冷、中午则比较热，昼夜温差大	吃柿子、送芋鬼	初候，豺乃祭兽
						二候，草木黄落
						三候，蛰虫咸俯
冬	立冬	11月7日—8日	225°	开始向阴雨寒冻的冬季气候过渡	补冬驱寒	初候，水始冰
						二候，地始冻
						三候，雉入大水为蜃
	小雪	11月22日—23日	240°	地面上的露珠变成严霜	小雪腌菜、吃糍粑、晒鱼干	初候，虹藏不见
						二候，天气上升，地气下降
						三候，闭塞而成冬
	大雪	12月7日—8日	255°	意味着天气会越来越冷，降水量渐渐增多	大雪腌肉	初候，鹖鴠不鸣
						二候，虎始交
						三候，荔挺生
	冬至	12月21日—22日	270°	冬至日的白昼虽短，但温度并不是最低	吃饺子、吃汤圆	初候，蚯蚓结
						二候，麋角解
						三候，水泉动
	小寒	1月5日—6日	285°	大风降温，雨雪，气温低	写春联、剪窗花、赶集买年画、挂彩灯	初候，雁北乡
						二候，鹊始巢
						三候，雉始雊
	大寒	1月20日—21日	300°	天气严寒，最寒冷的时期到来	尾牙祭	初候，鸡始乳
						二候，征鸟厉疾
						三候，水泽腹坚

一、二十四节气符号采集

（一）符号的概念

"符号"是人类主观能动下对原形恰当的变异、解构、组织的有序反映，包括有形的具体物质和无形的抽象概念，也是人们共同约定用来描述一定对象的象征物，它囊括了所有基于人们通过感觉来显示事物意义的形式。它作为载体既承载着事物的意义：是精神外化的呈现；从另一角度来看，它还兼具能被人们感知并理解的客观物质的性质。符号兼顾有感觉实体和其自身附属精神意义的双重属性，两者是合二为一不可拆分的。打个比方，红绿灯被放置在十字路口，虽然发着光，但是并没有人把它的光作照明用，众所周知，它表示的是内化于每个人心中的交通规则。意义是符号和被反映物之间的桥梁。每个符号都是拥有一个具体意义的符号，相对而言，意义也需要借助一定的符号作为载体来体现。所以创建符号的意义旨在人们能感知的视觉符号和它具有的意义之间串联出关系，并把此关系再现于人们的脑海之中。

符号是表达含义的表面形式和意义承载，是信息表现和发扬中举足轻重的一个基本元素。一般情况下符号可分为语言符号和非语言符号两大类别，在社会信息传播中都具有指向和沟通的功能。

（二）符号采集的目的与意义

1. 符号采集的目的

（1）通过对传统节气文化内涵的深入发掘，本研究使越来越多的人认识到节气所蕴藏的文化价值，使得节气文化所蕴含的设计元素发挥效能，为节气产品提供素材的同时展现了文化魅力。在国家提倡"文化自信"的新历史机遇下以"发扬中国传统文化"作为支点，探索二十四节气文化"宝藏"，使国人充满自信地自觉传承二十四节气这一古老文化智慧。

（2）本研究尝试将二十四节气与当下环境的需求相联系，解决节气这一传统文化与现代生活衔接中出现的种种不适，并用情感纽带有效沟通客观的物质世界与主观的精神文化，减少其之间的隔阂。在传统节气视觉多样化呈现的方向中，探索建立传统节气视觉符号基因的提炼方式和程序，并对提炼方法与流程作出示范，将为二十四节气文化基因的再设计提供思维创新的有益参考。

2. 符号采集的意义

新时代下科技更新换代、经济全球化发展、国际形势日新月异，这致使人对于原有文化会产生不一样的认知，因而相应地产生了新的需求。新时代下的二十四节气视觉符号需要具有新的时代风貌，其需要被重新定义以适应社会发展的需求。各国文化发展的高度将是衡量其国际地位高低的重要因素，未来国际竞争中，文化必然会成为扩大本国影响力的突破点。

（1）当节气文化以视觉符号的方式呈现出来，这种符号结合不同载体，使二十四节气以实体方式展现出来，并传达出二十四节气可感知的内在意义。通过相应符号采集让长期积累的传统节气文化得到深度挖掘，并拓展出传承新的方式。

（2）通过对节气文化的剖析与探索，寻求与产品创新融合的手段以及设计创意方法，从而可以进一步扩大二十四节气的生活应用范围，增加传统节气的人群关注量及未来传承的新群体。

（3）基于二十四节气的视觉符号研究可以促进相关行业的发展，文化和产业的有效融合，可以进一步提高文化产业的经济效益，推动传统节气文化渗入国人生活的各个方面。这使得自然经济时期指导农业的二十四节气，在国民生活和工作学习上，仍可发挥应有的作用。

（4）大力发展文化事业不仅能从中挖掘出传统文化基因，使国民得到文化的熏陶，促进国家文化繁荣。同时，文化事业的发展带来经济的昌盛，对国家社会进步有积极的影响。

（三）符号采集的方法——以立春为例

借助实地考察、文献整理与图像研究等方法，项目组广泛收集了二十四节气的资料素材，整理各个节气的相关图像，深度探索二十四节气物象的显性特征，并以此为依据，进行节气图像制作，有效归纳所提取的设计语汇的综合特性。以下通过梳理立春节气意象来源和占比来提取出最具有节气特征的意象形式，再由此提炼出典型的立春节气设计语汇符号。

立春是一年的第一个节气，蕴含着丰富的春天气息，其视觉符号具有鲜明的节气文化识别性，易于使受众产生情感共鸣。故项目组以立春节气为例，进行符号采集和特征提取的示范性探索。由于节气文化主要以物候、农谚、诗歌、习俗等形式出现，在此针对立春从上述四个方面进行符号采集研究。

1. 立春节气物象来源

（1）关于物候

生物在漫长的进化过程中，逐渐演变出与此相对应的生长规律及状态，可称之为物候变化，即指自然物因时令气候作出的变化。简而言之，物候表现了大自然的生命在四季交替下的变化规律，是天气与大自然中生命群体之间的约定。立春节气初候东风解冻,此时大地开始慢慢复苏,动植物开始慢慢恢复生机,河流冰川开始解冻,气流开始潮湿温暖;等到二候蛰虫始振时,气候的潮湿温暖,冬季休眠的各种虫类开始苏醒,陆续出洞寻找食物;三候鱼陟负冰,此时冰面还没有完全解冻,鱼儿感受到冰面开裂,慢慢浮出表面呼吸新鲜空气。这些生物与非生物的物候变化标志着立春节气的到来。（表 4-2）

表 4-2　立春三候

时间	物候变化		花信——"花木管时令"	
一候	东风解冻		迎春花	
二候	蛰虫始振		樱桃花	
三候	鱼陟负冰		望春花	

（2）农谚及诗歌

农谚，即人们于漫长农业实践活动过程里凝结出的相关劳作成果经传唱而成的谚语。书籍中关于农谚的记载古已有之。由于二十四节气内容大多由从事农耕活动的农民所传唱，并以农耕谚语形式传袭下来，所以朗朗上口的农谚对耕种者提高农事效率有很大的帮助。例如有"春争日，夏争时，一年大事不宜迟""打了春，过了年，家家户户不得闲"等表明立春节气时人们就开始忙活春耕；"立春晴，雨水多"，是指立春当天晴天，一年雨水都会很多；"吃了立春饭，一天暖一天"，指立春节气一到，天气一天比一天回暖起来。还有"两春加一冬，无被暖烘烘""立春之日雨淋淋，阴阴湿湿到清明""春打六九头，耕牛满地走"等农谚，这些农谚以简洁易懂、朗朗上口的形式流传下来，起到了推动农事活动的积极作用。现将主要农谚及物象来源制表如下：

表4-3 立春农谚物象

农谚	物象
立春打雷，十处猪栏九处空。	打春雷
雷打立春节，惊蛰雨不歇。	打春雷
立春雨水到，早起晚睡觉。	春雨
立春落雨至清明。	春雨
立春晴，雨水均。	春雨
立春一日，百草回芽。	发芽
立春热过劲，转冷雪纷纷	耕种
一年之计在于春，一日之计在于晨。	耕种
立春一年端，种地早盘算。	耕种
人勤地不懒，人懒地起碱。	耕种
立春天气晴，百事好收成。	耕种
立春雪水化一丈，打得麦子无处放。	耕种
打春冻人不冻水。	打春
春打六九头，七九、八九就使牛。	打春

关于立春节气不仅有农谚的记载，古诗中对于立春节气的记载也不少。以节气诗词网站为依据进行数据采集，从中选择传唱度最高的诗歌19首，现将19首诗歌物象来源制表如下：

表 4-4 立春诗歌物象

序号	诗歌	节选自	作者	物象
01	碧玉妆成一树高，万条垂下绿丝绦。 不知细叶谁裁出，二月春风似剪刀。	《咏柳》	贺知章	柳枝、燕子
02	木梢寒未觉，地脉暖先知。 鸟落星辰后，山分雪落时。	《立春》	曹松	鸟、星、雪
03	金钗影摇春燕斜，木杪生春叶。水塘春始 波，火候春初热。土牛儿载将春到也。	《清江引·立春》	贯云石	燕子、水波、 春牛
04	玉润窗前竹，花繁院里梅。	《立春日晨起对积雪》	张九龄	竹、花
05	隔岸桃花红未半。枝头已有蜂儿乱。惆怅 武陵人不管。清梦断。亭亭伫立春宵短。	《渔家傲·隔岸桃花红未半》	王安石	桃花、蜜蜂
06	细柳腰肢袅。妆罢立春风，一笑千金少。	《生查子·远山眉黛长》	晏几道	柳枝
07	淳化四年立春节，喜遇韶光看白雪。	《缘识》	宋太宗	雪
08	杏花风下。独立春寒夜。微雨度，疏星挂。	《千秋岁·杏花风下》	赵彦端	杏花、雨、星
09	珠履争围。小立春风趁拍低。	《彩鸾归令》	张元干	春风
10	今年立春七日耳，暖景温风何迫促。	《正月六日作》	陆游	春风
11	闲立春塘烟淡淡，静眠寒苇雨飕飕。	《鹭鸶》	郑谷	春雨
12	旧历年光看卷尽，立春何用更相催。 江边野店寒无色，竹外孤村坐见梅。	《立春一日江村偶兴》	李郢	梅花、竹
13	只知逐胜忽忘寒，小立春风夕照间。	《雪后晚晴》	杨万里	春风
14	玉立春深雪不如，生香透骨雪应无。	《句》	张耒	雪
15	黄金络索珊瑚坠，独立春风教白鹇。	《春闺》	陈允平	白鹇
16	立春今几日，特色已全回。 青入株株柳，芳残树树梅。	《移官万安道中》	赵蕃	柳枝、梅花
17	小似立春时。万树无多叶，千花试一枝。 天红霜有信，星晕雨先期。怕见梅花发， 愁怀未辨诗。	《初冬即事》	周端臣	花、星、雨、 梅花
18	立春月在季，前对高花繁，后视万竹交。	《和曼叔憩永惠院》	韩维	花、万竹
19	状元此去朝京师，不待玉立春班齐。 疾飞一步上芸阁，有梦只报梅花知。	《送钱文季赴阙》	杨炎正	梅花

表 4-5 立春农谚和诗歌物象频次

物象	耕种	春雨	花	竹	星	雪	柳枝	打春	打春雷	鸟	燕子	发芽	春牛	蜜蜂	蝴蝶
次数	6	6	10	3	3	3	2	2	2	2	2	1	1	1	1

表 4-6　立春农谚及诗歌物象

耕种	春雨	梅花	繁花
竹	星	雪	柳枝
打春	打春雷	鸟	燕子
发芽	春牛	蜜蜂	蝴蝶

（3）风俗习惯

从收集到的农谚资料中我们可以发现，牛作为古代春天耕种时期的主要劳动力，在农事活动中具有很重要的作用。《燕京岁时记》中有将春牛用鞭子击打，称为打春的记载，这是劳动人民对耕种的美好期盼。立春时节鞭打春牛逐渐成为了很多地方春耕时期的民俗，也有地方做一些泥塑春牛的形象，来传递时节习俗文化。在鞭打春牛的基础上全国各个不同的地区还有"咬春""接春""煨春"等风俗。后来立春时还有竖春蛋、吃春菜、粘雀子嘴、放风筝、挂风车、踏青等活动。围绕上述内容可提炼的关键词有鞭打春牛、放风筝、咬春、食葱等，并形成立春风俗物象集（表 4-7）。

表4-7　立春风俗物象

打春牛	咬春	挂风车	踏青
竖春蛋	吃春菜	粘雀子嘴	食葱

2. 设计语汇归纳

通过对具有描述性的典型词汇进行分项总结，我们就可以从这些词汇中找到这一节气的语义因子。根据"立春"主题内容方向，在诗歌、谚语、习俗等语句中筛选相关词汇进行考察，将所出现的词汇按出现比例进行排序，以此来明确词语与立春节气相关的紧密程度，立春时节温度逐渐升高，万物复苏，与此同时大自然也开始显现出对应的物候反应：不同地方不同花卉依次开放，而各个地区迎春习俗亦是各不相同。由上述立春三候、种种物象及活动的相关词汇中筛选出 10 个最为显著的语义因子，分别是："东风解冻""蛰虫始振""鱼陟负冰""鞭春牛""迎春花""樱花""望春花""春雨""耕种""柳枝"。得出这些设计语汇以后将其进行下一步的特征提取。在符号特征提取过程中，先进行相关图片的收集整理，观察这些图中物象的最显著特征，通过型谱分析法进行形态提炼，并做好设计语汇的符号归类。

型谱分析法是指基于特定的逻辑与规则对特征属性相同的事物归纳到一起的分类手段。这个方法可有针对性地有效完成立春节气中"形"不易提炼的难题，并能构建设计语汇与具体形态之间的关联性，使设计者能更加便利地展开创新。

在立春主题研究中，以筛选出来的 10 个设计语汇作为关键词进行大量的图片搜索，并进行识别整理总结，找到立春节气图形的最大公约数作为立春节气的图形元素，如表 4-8 所示。归类时将找到的图形分别进行标识，找出其中的呼应关联，并进行数字对应编号。图像元素用字母 P（photo）代表，在提取图形元素的过程中，为了区分不同的图形元素，针对不同设计语汇因子用 P1、

P2、P3等加以编号区别。一个设计语汇因子所对应的很多图像元素用P1a、P1b、P1c等进行编号。基于此手段可构建起系统的设计语汇图形元素归类表，能有效表达同一个设计语汇内各种形态间的差别。

表 4-8　立春节气设计语汇

序号	设计语汇		图形元素差异					
01	东风解冻	图示						
		编号	P1a	P1b	P1c	P1d	P1e	P1f
02	蛰虫始振	图示						
		编号	P2a	P2b	P2c	P2d	P2e	P2f
03	鱼陟负冰	图示						
		编号	P3a	P3b	P3c	P3d	P3e	P3f
04	迎春花	图示						
		编号	P4a	P4b	P4c	P4d	P4e	P4f
05	樱花	图示						
		编号	P5a	P5b	P5c	P5d	P5e	P5f
06	望春花	图示						
		编号	P6a	P6b	P6c	P6d	P6e	P6f
07	鞭春牛	图示						
		编号	P7a	P7b	P7c	P7d	P7e	P7f
08	春雨	图示						
		编号	P8a	P8b	P8c	P8d	P8e	P8f
09	耕种	图示						
		编号	P9a	P9b	P9c	P9d	P9e	P9f
10	柳枝	图示						
		编号	P10a	P10b	P10c	P10d	P10e	P10f

二、二十四节气特征提取

（一）特征的概念

特征指一事物异于其他事物的特点。事物特征可体现为色彩特性、肌理特性、形态特性。色彩特性是基于人在视觉判断或感知体验上的整体结论，是反映图像或图形轮廓所对应景象的表面特点。然而物体表征的肌理特性，既可通过视觉判断，也可通过触觉判断。形状特性可分为外在的轮廓与内在的区域两个部分。轮廓指界定表现对象形体范围的边缘线，轮廓样式则与整个区域形状大小相联系。

（二）特征提取的目的与意义

在节气文化视觉符号的构建过程中，符号不能简单地复刻物象本身的自然样式，而是在人们思维中经过长期验证而凝炼出的约定俗成的视觉表达形式。这种视觉符号是人们发挥自我能动性而形成的，是一种针对具象物本质属性的抽象提炼，是体现了设计师自我主观意识的加工成果。

通过对各节气各个特征图形的提取，探索和研究二十四节气的面貌表征，进行设计语汇的提取，可以为节气文化现代化、信息化发展提供新的设计思路和开拓性的研究途径。

（三）特征提取方法——以立春节气为例

以上对立春节气符号的采集中，在时间因子的影响下，物候也随之改变。无论哪种物候的出现都影响着生物与非生物的更迭，基于此，我们能够方便地采集到多样的具象形态。

1."形"的特征提取

利用型谱分析法先得到立春强相关性图形，再从众多同种立春节气图片中找到物象共同特性，进行第一轮选择，主要是提炼出其"形"之特征。对提取的立春代表性图形进行去色、轮廓的提炼、钢笔描画等手段，得到该"形"的简练图案线条，再以此方式找同类图形提炼 3～5 个基本形。接下来对上述图形进行比照观察，将提炼的形态进行线条整理，把重复的线条进行整合，对具有形状特性起关键作用的线条进行夸张处理，突出其可识别性。这种对形体的简化方式，使"形"的特征与客观描述的物体具有强相关性，能够准确代表所描述物象。

我们将迎春花、樱花、望春花这三种典型的立春设计语汇作为代表性的图形加以示范分析，对每种花的总体特征进行研究，概括出三种花的外形特征。如迎春花为一簇一簇的黄色花，花量较多，有3对较大的花瓣，没有花蕊，属高低适中的灌木类。其品种很多，包含云南黄馨品类在内，且各品种间不管是色彩还是形态都非常像。此时要关注其与同类型花的形状作区别比较，例如连翘花，有2对花瓣。樱花最常见的颜色是白色和粉红色，双层花瓣的每层有5片花瓣，内生有花蕊，且其品类多样。望春花属木兰科，是落叶灌木，是我国中部土生土长的花类。花大清香，花瓣以椭圆形和倒卵形为主要形状，花瓣硕大，花瓣颜色内外不一致，外面呈紫红色，里面有粉红或白色。而待放的玉兰花颜色尤其艳丽，与吸满墨汁的毛笔尖相似，饱满挺拔。

在系列形态分析结束以后，可进行相关性筛选。选取100位受众（设计专业师生）开始相关性评价，预先给定分值（1分表示最不具有代表性，3分表示一般代表性，5分为最具有代表性，进行1～5分计算赋值）。利用李克特量表的展示方法，被筛选出分值最高的图形就是最具有立春显著特征的图形。最后对相关性强弱进行评价，以得出的分数进行数据的计算并进行系统整合分析，依据分数多少按顺序提取排名前5的图形样本作为强相关性的图形，以此初步建立节气形态典型数据库，提取的形态因子用F（form）表示。模拟立春节气形态数据库见表4-9：

表4-9 立春节气形态数据库

编号	设计语汇	a	b	c	d
F1	东风解冻				
F2	蛰虫始振				
F3	鱼陟负冰				
F4	望春花				
F5	迎春花				

2."色"的特征提取

　　人的眼睛通过接收外界色彩信息并将信号传至大脑形成光学影像，色彩作为被传达的信息，是传递情感的介质，会在人脑中产生不一样的想象。此外，色彩间的对比搭配能产生强烈的视觉冲击力，具有表达情感、烘托氛围的作用。二十四节气是大自然的变化规律的体现，每个节气的来临，都会让大自然色彩发生变化，人们也会通过大自然色彩的变化来区分各自的气节差异。一年四季的颜色通常呈现：春季淡黄与浅粉色，夏季绿色，秋季金黄色，冬季白灰色。依据立春节气形态提取方法，我们将"东风解冻"等 10 个具有节气强相关特征的设计语汇从图像色彩方向大量搜索，用 Photoshop 的色彩系统提取其色值，并将图片放大，进行像素化处理。在对同色系的颜色进行研究和处理时，将图片主要的颜色添加色板，加以提取和储存（将图片放大至像素色彩点），并对色号和色板进行命名、编号。（图 4-2）

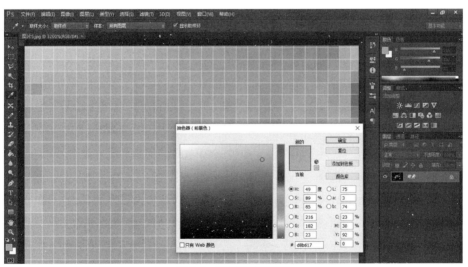

图 4-2　立春节气色彩提取

设计中节气文化的活态传承

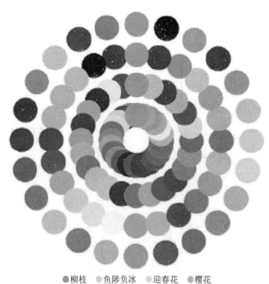

●柳枝 ●鱼陟负冰 ●迎春花 ●樱花

图4-3 立春节气物候色彩提取

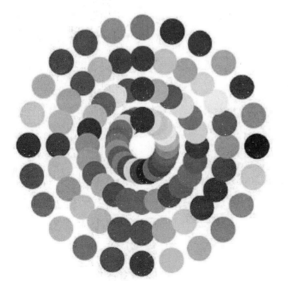

●柳枝 ●鱼陟负冰 ●迎春花 ●樱花

图4-4 立春节气风俗色彩提取

（1）物候色彩

立春的气温虽然较冬日气温有所回升，但气温仍然偏低，更多还是残雪未消的冬天景象，此时的自然植被正处于萌发时期，逐渐显示出斑驳的嫩绿色彩，整体色彩以灰系为主。所以，在获取的大量立春节气物候色彩库中以灰色为主（图4-3），如灰色、浅黄、浅梅红和浅绿为主要色彩。

（2）风俗色彩

各个节气在全国各地的风俗活动中都会有不同的表现形式，而立春的呈现就更加丰富多彩了。立春节气在各地的习俗中通常抒发劳动人民对于丰收的美好愿望和真挚的追求，在色彩谱系中，其给受众最直观的风俗色彩表现为大红大黄等高纯度的颜色，从而区别于冬天的灰白色系。如图4-4，可以观察到，节气设计语汇图像颜色亮度偏高，含浅黄色、粉色的色值占据重要位置。所以，在立春节气风俗相关设计时可多选艳丽的色彩，以达到设计产品与立春节气风俗活动的强相关性。

3. 立春节气符号因子可视化

在汇总相关立春节气的显著设计语汇的基础上，设计者应尽最大可能发挥形状因子和色彩因子相互影响的作用，在此之上抽象出来的立春节气显著性表征能很好凸显立春节气的含义。以迎春花、樱花、望春花设计语汇为例，它们就是通过搜索大量图形元素被整理出来，并依据型谱分析法得到的三种花卉。设计者由节气形态因子库中挑选提炼出的迎春花、樱花、望春花等原始纹样，然后在色彩库中选出节气样本的 RGB 色值，基于上述外轮廓形的线条进行色彩绘制，并在色彩因子中选择相应的色彩来对应结合。例如迎春花的色值为淡黄色。（图 4-5）

R:163 G:174 B:186	R:253 G:253 B:81	R:237 G:121 B:185	R:202 G:73 B:18	R:253 G:211 B:241	R:247 G:216 B:94	R:97 G:117 B:128	R:229 G:231 B:234	R:250 G:186 B:228	R:188 G:222 B:136
R:154 G:196 B:253	R:250 G:157 B:152	R:243 G:225 B:227	R:254 G:235 B:60	R:194 G:139 B:140	R:209 G:199 B:19	R:230 G:230 B:163	R:237 G:194 B:231	R:222 G:143 B:164	R:240 G:225 B:113
R:177 G:187 B:74	R:238 G:162 B:176	R:196 G:247 B:145	R:124 G:104 B:79	R:163 G:162 B:24	R:241 G:252 B:27	R:245 G:193 B:116	R:237 G:216 B:220	R:192 G:174 B:178	R:252 G:202 B:0

图 4-5 立春节气色彩值

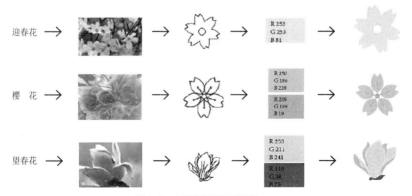

图 4-6 立春节气形态可视化

从中可以看出，生成的花卉面貌和大自然中的花卉具有强烈的相关性，按照花卉本身的显著特点提取形成的花卉视觉形态与真实世界中的花卉具有强烈的相似性，这是对现实花卉的纪实再现。相对来说，现实自然中的图像符号表现得较写实和生硬，以相对真实的形式展现出来。（图4-6）在此基础上可根据形状文法对提取的立春纹样进行不同规则的变换以转变成新的形状。

形状文法，又被称为图形语法，存在的目的在于使图形富于变化。就是把某种或者某几种单一元素放在具有联系的介质中，在相应的逻辑秩序下排序组合，从而形成全新的形态。形状文法能通过基于二维和立体的方式，实现视觉图式在数量上的指数级增加。万花筒的内壁反射面之间的连接就是应用了形状文法中的某种推演逻辑，并通过推演逻辑的相互映射来演化成新形状。从设计师的角度来看，形状文法可以缩短设计过程，节约人力、物力，在设计开展前期以形状文法的方式能够推演出多种可能性的表现规则，为后期的设计工作节约时间。同时，在使用形状文法的过程中，该手法也不会破坏形态本身所具有的文化特性。（图4-7）

图4-7　形状文法推理演变规则

节气文化的视觉图形设计使用形状文法操作时简捷方便，易于设计者理解和使用。我们将立春节气运用形状文法的推理演示的逻辑规则进行设计，能创造出尽可能多的具有立春显著特性的创新性典型花纹样式。生成的新纹样对立春节气衍生品的设计具有很大的积极作用，形状文法的应用极大丰满了传统节气文化的纹样库。如以立春节气的三种花型图案作为立春节气原始花纹样式，加以形状文法的规则推理演示，生成的图案比原始花纹样式具备很大转变性，在这一过程中采用的主要推理演变规则有：数轴移动（R1）、旋转（R2）、镜像（R3）、垂直镜像（R4）、绕点旋转（R5）、绕轴旋转（R6）等方式，后文以编码表示。推理演变生成的新形态仍具备较强的立春节气家族基因特性，包含着立春节气显著的文化特征。

对生成性推理演变规则得到的基本图形继续推理演变，可得到更加有创意的图形。推演4、推演6中基本图形共使用推演规则R1（位移）两次，R3（水平镜像）二次，即呈现衍生性推理演变。（图4-8）

以上对原始因子施以形状文法规则的组合方式，不同于"形变六法"的动态创新，更多的是组合关系的比较，却能演变出很多具备立春节气强相关性特征的新图形。在此精细选择下，设计者可结合"形变六法"，在仿形、调形、换形、饰形、化形、合形的综合创新作用中，发挥形状文法"万花筒"式的表达技巧，尽可能地扩大二十四节气文化基因库，也为节气文化的衍生性产品提供新的创造路径和方式。

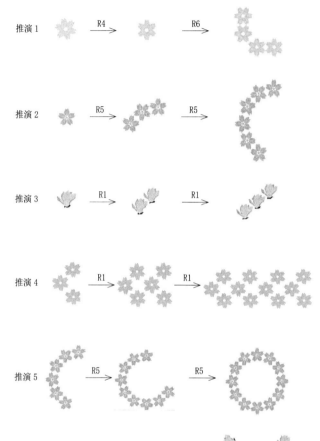

图4-8 立春节气形状文法推演

第二节　二十四节气意象符号数据库建设

按照前文方法针对二十四节气建立"节气文化意象符号与设计要素样本数据库"，从而提出节气文化认知与转化设计策略。

一、二十四节气数据库的概念

数据库是按照数据结构来组织、存储和管理数据的仓库，随着信息技术和市场的发展，特别是 20 世纪 90 年代以后，数据管理不再仅仅是存储和管理数据，而转变成用户所需要的各种数据管理的方式。

数据库有双层含义：首先，数据库是实际存在的空间，用户在这个"仓库"里储存需管理的数据信息，"数据"与"库"两个概念结合成为数据库这个复合概念。其次，数据库技术是管理数据信息的高新科技和手段，它能更便捷地组织数据、更专业地维护数据、更保密地控制数据和更有效地利用数据。

目前设计行业里对二十四节气的探索很少，市场上所见到的节气视觉符号在很大程度上具有雷同性，学界没有形成节气文化的系统设计梳理和深入的研究。本研究通过对节气文化的特征提取，建立二十四节气意象符号的数据库，它能为设计师展现一种提取符号的范例参考和设计思路，提供可参考的素材，提高设计效率。能够对相关设计市场起促进作用，进一步传播节气文化，促进节气文化事业的积极发展。在文化强国的基础之上带动二十四节气规范化发展，为我国政企在利用传统文化发展文化创意产业方面提供一个可以参考的方式。

二、四个典型的二十四节气意象符号数据库的建立

项目组按照立春节气符号采集和特征提取的方法分别对清明、夏至、秋分、冬至这四个典型的节气展开研究，并进行意象符号数据库初步框架的建立。

（一）清明

通过对清明节气中三候、诗歌谚语、风俗等内容的梳理，整理出58个物象，共包含21种设计语汇，其中以出现频率最多的桐始华、田鼠化为鴽、虹始见、繁花、树、烟雨、扫墓、麦苗、柳枝、斗鸡10个代表性的设计语汇为例建立"清明"典型数据库。（图4-9）

图4-9　清明节气典型数据库建构方式

（二）夏至

夏至节气中三候、诗歌谚语、风俗等内容，共有63个物象，共20种典型设计语汇，其中以出现频率最多的丰收、雨水、杨柳、林木苍苍、荷、瓜果、百鸟、粽子、牧童、花团锦簇10个代表性的设计语汇为例建立"夏至"典型数据库。（图4-10）

图4-10　夏至节气典型数据库建构方式

（三）秋分

秋分节气中三候、诗歌谚语、风俗等内容，共有 57 个物象，共计 35 种典型设计语汇，其中以出现最多的落叶、月圆、枫叶、夕阳、谷物、大雁、蛰虫、渔舟、竹、秋菜 10 个代表性的设计语汇为例进行"秋分"的典型数据库建立。（图 4-11）

图 4-11　秋分节气典型数据库建构方式

（四）冬至

冬至节气中三候、诗歌谚语、风俗等内容，共有 37 个物象，包含 25 种典型设计语汇，其中以出现最多的腊梅、冰面、雪、饺子、赤豆糯米糕、犁、萝卜、蚯蚓结、麋角解、水泉动 10 个代表性的设计语汇为例进行"冬至"的典型数据库建立。（图 4-12）

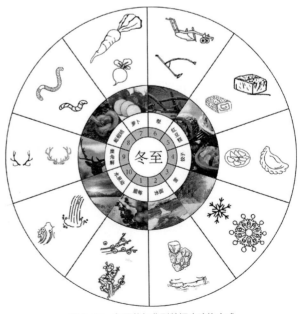

图 4-12　冬至节气典型数据库建构方式

第五章
基于二十四节气的
文创产品设计

　　本章基于现代生活方式改变与生产技术条件革新，相应地提出具有适宜性的产品创新设计策略，并针对新时代环境下的民众生活需求如何结合二十四节气文化，从新时代环境下的创新设计策略入手，揭示在文化自信与经济腾飞下节气文化深层发展的必然性，用环保理念推动节气走进千家万户，以更丰富的生活方式结合科技力量，让节气产品焕发风采。非遗的活态传承最终需要呈现在消费者面前并进入市场。产品的设计与制作往往是最关键的落地环节，这也是本章要呈现的重要实践内容。本章依据二十四节气的不同主题内容，从前文各章的设计思路中找到创新灵感，展现了产品创意与设计技巧的众多成果，包括创意的来源、制作的技巧、数据，以及作品的命名等设计细节。因此，这需要考虑到消费人群对系列化产品体验的不同方式、互动的巧妙性与因地制宜的表达方式。为了使创意产品能更有针对性，更符合各方的平衡要求，项目组特提出了形意场下的八个场的评价体系指标，分别涉及时代、经济、美观、伦理、民俗、技艺、功用、地域等方面。这种"意动八场"首尾相接、有的放矢的评价方式，让作品设计不再盲目地天马行空，而是在平衡各方利益情况下的智慧集中。

第一节　新时代环境下二十四节气产品的设计

一、新时代环境下制约节气产品设计的因素

设计不仅能够体现人类对于传统文化生活自觉的传承，亦是文化存在与文化价值的最佳体现。新时代环境下节气文化层面的设计由表及里涉及设计服务对象、设计市场组织和设计思想内涵。

由此推动文创产品结合节气文化的设计应用可从三个方面入手：消费者的感官层次需求作为设计基础，其也是最直观表达层面，包括适宜的外部色彩、材料和形状、美化和装饰性手法、应用技巧等，并展现相应的使用功能；完善市场营销各环节，推动设计流程的有效组织成为设计策略方向，其包括人群定位、系列开发互动及体验因地制宜等内容；思想内涵"有益性"作为设计升华的最后一层面，是指设计中所遵循的传统文化理念，可传达"中国文化"与"民族精神"的精华。

（一）追本溯源的时代需求

二十四节气文化通过扬本溯源来考察千百年来中国古人累积的节气文化资料，就可以归纳出更有传播价值的事与物。其涵盖了多种多样的物质化与非物质化的可用于设计的元素，能够体现出与大众生活紧密相连的主题内容。它也构成了传统中华文化的庞大设计资源库，如农业工具、自然物象、民俗美食及节气活动中民间的神祇等，这些都是进行文创产品设计转化的重要素材。如表5-1所示，二十四节气文化的元素可从农事、气候、物候、食俗、民俗活动、故事传说六个方面进行整理归纳。先将节气文化内容转换为文字描述的记录方式后，再转化为多种多样的可视化图形，这样才能更有效地管理传统节气资源，将资源库的宏观把控方式应用于文化产品的创意设计当中。

表5-1　二十四节气下的文化元素归类

季节	节气	农事	气候	物候	食俗	民俗活动	故事传说
春	立春	犁、土、锄头	云、雨	莺、燕、迎春	春盘、田艾籺、春饼、春卷、萝卜	鞭春牛、咬春、祭祖、躲春、拜太岁	春牛榜子
	雨水	犁、土、锄头	云、雷、雨	蝈蝈、蚯蚓、蛤蟆	红枣、春芽、韭菜、山药、豆苗	回娘屋、拉干爹、接寿、蒙鼓皮	雨水拉干爹、雨水回娘屋
	惊蛰	犁、土、锄头	云、雷、雨	雁	梨、春笋、罐罐肉	祭白虎、打小人、招贵人、招桃花、招财运	惊蛰吃梨、千金月令
	春分	犁、土、锄头	云、雷、雨	八哥	吃春菜、萝卜、驴打滚、太阳糕	送春牛、粘雀子嘴、春祭、放风筝	炎帝、尧帝、羲仲
	清明	犁、土、锄头	云、雷、雨	杏花、燕、黄鹂鸟	青团、艾粄、馓子、暖菇包、子推馍	荡秋千、蹴鞠、踏青、植树、扫墓	晋公子重耳、介子推、刘邦
	谷雨	犁、土、锄头	云、雷、雨	牡丹、百合、瓜豆	香椿、谷雨茶、燕来笋、乌米饭、香菜	赏牡丹、禁蝎、祭仓颉、祭圣母、桃花水洗浴	牡丹花仙、仓颉造字
夏	立夏	小麦、镰刀、稻草人	云、雷、雨	小麦、桃花、半夏、燕子	立夏饭、立夏蛋、立夏羹、麦蚕、脚骨笋	痓夏绳	刘禅、朱元璋
	小满	小麦、镰刀、稻草人	云、雷、雨	大麦、桑蚕、石榴花	苦菜、野蒜、仙人掌、蒲公英、莴笋	祭车神、祭蚕神、绕三灵、忙收种	蚕神姑娘
	芒种	小麦、镰刀、稻草人	云、雷、雨	插秧、割麦	鸡蛋、茶、青梅、君踏菜、	煮梅、安苗、送花神、打泥巴仗、俗挂艾草	荞麦姑娘
	夏至	小麦、镰刀、稻草人	云、雷、雨、虹	杨梅	豌豆糕、馄饨、粽子、夏至面、煮新麦粒	祭神祀祖、消夏避伏、称人	开天辟地
	小暑	小麦、镰刀、稻草人	云、雷、雨	插红薯、棉花瓜、涝梨旱枣	黄鳝、藕、绿豆芽、食新、黄瓜、饺子	斗蟋蟀之乐、晒书画衣物、小暑尝新	牛郎织女、龙王、炎帝
	大暑	小麦、镰刀、稻草人	云、雷、雨	收稻、拔节孕穗	茯茶、荔枝、莲子汤、暑羊	送大暑船	萤火虫
秋	立秋	黍、稻、粱	云、雷、雨	蟋蟀、棉铃虫、种白菜	茄子、西瓜、龙眼、清凉糕、秋桃	称人、贴秋膘	三女找太阳
	处暑	黍、稻、粱、锄头	云、雷、雨	锄草麦地糖、摘棉花、红高粱	鸭子、白丸子、凉茶、酸梅汤、龙眼、稀饭	采菱、值菱、祭祖迎秋、放河灯	
	白露	黍、稻、粱	云、雷、雨	打胡桃、桂花、黄栾、剑麻、牵牛	十样白、白露茶、大枣、菊花	祭禹王、收清露	禹王
	秋分	黍、稻、粱	云、雷、雨	麦苗、割新稻、栽稻秧	桂花酒、汤圆、鸡蛋、鸭肉、野苋菜	粘雀子嘴、秋祭月、放风筝	
	寒露	黍、稻、粱	云、雷、雨、露	种麦、摘花、打豆场、捕鱼、采藕芰	菊花酒、花糕、柿子、螃蟹、芝麻	登高、观红叶、垂钓	
	霜降	黍、稻、粱	云、雷、雨、露	摘柿子、菊花	柿子、萝卜、牛肉、羊肉、鸭肉	拔萝卜、赏菊、登高远眺、祭祖	青女
冬	立冬	小麦	云、雷、雨	打软冬、野鸡、冬麦	饺子、羊肉汤、姜母鸭、咸肉菜饭	暖炉会、煎香、迎冬、祭冬神	朱元璋
	小雪	小麦	云、雷、雨	紫罗兰、鸡爪槭、楮树	糍粑、鱼干、腊味、腊肉、寒菜	腌制腊肉、酿酒、晒鱼干	
	大雪	小麦	云、雷、雪	光皮木瓜、豆梨、芦荻、代代橘、枳	羊肉、狗肉、红黏粥、兑糖儿、三雪	观赏封河、腌肉、米特尔节、夜作	
	冬至	小麦	云、雷、雨、雪		饺子、羊肉汤、年糕	祭祖、九九消寒	张仲景、共工氏
	小寒	小麦	云、雷、雨、雪	腊梅	菜饭、糯米饭、腊八粥、黄芽菜、鸡汤、羊肉	画图数九、探梅、冰戏	
	大寒	小麦	云、雷、雨	柑橘、苹果、深耕细作	八宝饭、消寒糕、冬瓜、冬枣、冬甘蔗	祭灶、迎新扫尘、不生火、轧猪油渣	福德正神、灶王

在二十四节气文化元素与文创产品相结合的设计转化思路中，有具象和抽象两种转化应用形式。借助事物具象特征，来提炼其典型外在形式，可获得生动有趣的直观形象，如从二十四节气名称和物候等方面选用可表现的元素时，雨水节气中的"雨水"名称就有很强的可视化形象。抽象的事物虽难以直观精准地把握，但可以将节气民俗民风、生活方式与行为习惯作为可感观的素材元素来提取加工，并以意象图的方式描述抽象概念或行为，只有用设计深挖其潜藏的台词，才能增加产品艺术魅力。如"立春打春牛"作为反映节气活动的重要内容，可分解其过程，将"事"之理转换成"物"之象，成为设计可用的加工元素，以生动体现中国劳动人民勤劳质朴的品质。

在"文化自信"增强的新时代下，设计者能最大限度地获得多样资源，并通过对节气资源积极地解构与重组，能激发自身的设计创新灵感。时代发展的多样需求让设计者有了在设计过程中随心所欲、自由发挥的可能。这使得许多相对复杂的节气元素更有效地运用到文创产品设计之中。在追本溯源的时代自信中设计者能进一步挖掘二十四节气的精神内涵来焕发出它的新生活力。

（二）节气文化自身更新的必然趋势

二十四节气作为民俗文化系统的一个重要组成部分，内容丰富，已经影响现代人的方方面面。设计师在文创产品创作过程中，不应只停留在对传统节气文化要素的简单描摹，更要与时俱进，探索器物背后的非物质文化要素与精神内核，让节气文化顺应时代需求，从而设计出具有继承传统文化的独特性产品。

二十四节气文化创意产品的文化价值属性，决定了其持续发展要朝着通过传统文化来满足人们当前及未来精神需求的方向。这要求设计者能将传统文化的视觉符号传递到精神层面，在色彩、造型、材料等各个方面对节气文化进行适宜的"现代化"改造。节气文创产品造型的表现除了要契合人们的视觉习惯，还要符合使用者的生活习惯和审美追求。

设计和制作节气文化产品，中国传统文化与哲学思想是设计思维创新必不可少的基石。二十四节气文化中所蕴含的"天人合一、顺应自然"的生态哲学，正是中国传统文化的重要组成部分，二十四节气文化也需在传承中自我更新，顺应时代而"活态"发展。设计师不仅需要切实把握节气的基本文化内核，还需要对节气融入当代生活中的审美与时尚追求展现出自身独有的体会，结合新材料、新技术、新观念，推动节气以新面貌呈现在世人面前。

（三）环保理念推动节气文化前行

文化创意产品设计要基于环境、产品与人这三个维度来考察。随着时代发展，绿色环保深入人心，产品设计越来越强调其生态意识、低碳功用，以及可持续环保理念，节气文化方向的产品设计正好顺应了这一人类共识，将中国先人"人与自然"的智慧发扬传承。

为贯彻"绿色中国""环境友好"的理念，设计者可考虑节气产品应用中的可循环性，追求物质与精神、人与自然的和谐共生，并将传统的环保理念与现代绿色生活有机结合，完成资源的循环利用。

由于古人明白"应天时而动、就地利而兴"的道理，中国民众通过天象安排日常劳作、生活起居，在感受天地中认识自然，这才成就了农耕时代的重要节令——二十四节气。二十四节气产品该如何以新的生态形式融入全球一体化低碳生活是值得思考的创新话题。

（四）贴近生活以繁荣节气文化

文创产品是文化的有效载体，当节气文创产品与人们的衣食住行紧密相连，满足人们物质与精神的需求时，更能生动地传达节气文化中物质与精神相融的艺术价值。设计师在文创产品中对文化元素的充分理解和加工，基于二十四节气中民俗文化和风土人情等现实土壤的滋养，达到艺术文化和自然生活的和谐统一。同时，设计师还要捕捉到消费者所期望时的"用户体验"，将产品和受众之间交流的距离缩短，以人性化方式应用于生活的方方面面。其还需从情感层面抚慰人心，让消费群体对传统节气文化给予更多关注，从而实现节气文化的有机生长与传播。

二十四节气文化中的饮食养生与生活起居内容贴近人们日常，常成为被关注的焦点。不同节气时令中，吃穿住行用等方面的传统知识，在当代科学的审视下依旧有着合理且适宜的作用，并在融入日常生活中不断吸纳经验技巧而充实完备，如表 5-2 中不同节气下养生与起居的差异比较。

表 5-2　四季节气下的饮食养生与生活起居

季节	节气	饮食养生	生活起居
春	立春	以绿色蔬菜为主，少吃酸味食品，防止肝气过旺。适当增加甜味，避免肝旺而伤脾。所吃食物宜偏凉、宜饮用花茶	衣着保暖、夜卧早起、免冠披发、松缓衣带、舒展形体、多参加室外活动
	雨水	调养脾胃经络，宜多喝温水，不宜饮用凉茶，保持五味不偏，少吃辛辣食物，多吃胡萝卜、山药、小米等	晚睡早起，春捂保暖
	惊蛰	饮食宜清淡，应由冬季的浓郁厚味转变为清温平淡，多吃甜，少吃酸	昼夜温差大，以"捂"为主
	春分	食疗养肝，多吃时令水果，少食酸，多吃坚果类，提神去躁	家居防潮、床品防霉、衣物防霉
	清明	保暖饮食，不宜吃冷食，不宜吃"发"物	祭祖、踏青，室内通风，角落勤消毒
	谷雨	菠菜养肝，祛湿保健，减少高蛋白质、高热量食物摄入	晚睡早起，泡脚温补肺腑
夏	立夏	清淡饮食，增酸减苦，饮食以低脂、易消化的食物为主	晚睡早起，午睡一小时，养心，调节情绪
	小满	多进稀食，吃粥喝汤	室内外温差不宜过大，常通风换气
	芒种	清补，静心，吃苦，饮酸，食粥	保持空气流通，注意休息，勿劳累
	夏至	多吃苦味食物，宜清淡，忌油腻，多食碱性食物	晚睡早起，老弱者早睡早起，切勿贪凉淋浴、开空调睡觉
	小暑	出吃清凉消暑的食品，多喝粥	冬不坐石，夏不坐木
	大暑	多吃苦味食物，增加清热解暑、健脾利湿食物，如荷叶、西瓜、莲子、冬瓜	晨练不宜过早，及时补水，不宜立即冲凉，午休半小时静心养生，控制运动强度
秋	立秋	润肺，增酸，多吃果蔬，多喝粥汤，养肺，多吃白色食物	早睡早起，捂秋冻，防燥，多饮少言，衣着多色彩
	处暑	少辛增酸，滋阴防燥，少吃辛辣，多吃清淡甘润食物	晚上早睡一小时减少秋困，注意胃部保暖，多开窗少开空调，坚持运动
	白露	多吃甘温食物，忌吃油腻食物，少吃生冷食物，宜吃祛湿食物	勿露身，清净养身，远离悲秋，泡脚防寒
	秋分	多吃温润的食物，吃芝麻润燥，早饭一碗粥，晚饭一碗汤	保持舒缓运动，内心豁达，睡好子午觉
	寒露	宜食清蒸螃蟹、莲藕木耳排骨汤	早睡早起，适时添衣，常开窗通风、泡脚、注意足部保暖
	霜降	饮食平补，宜吃梨、苹果、橄榄、白果、洋葱等，生津润燥，清热化痰，止咳平喘，固肾补肺	开窗通风
冬	立冬	适当增加主食和油脂的摄入，保证蛋白质的供应	无扰乎阳，恰如其分，早睡晚起
	小雪	多吃叶酸食物防抑郁，防感冒	早睡晚起，防寒保暖
	大雪	增加热量，多吃瘦肉、鸡蛋、鱼类及富含碳水化合物的食物	早睡晚起，防寒保暖
	冬至	以固护脾、肾为重点	早睡晚起，防寒保暖，保持室内通风
	小寒	忌食生冷辛辣，规律进食	早睡晚起，及时通风
	大寒	宜食生姜、辣椒、黑豆	寒头暖足，保持室内温度，勤晒太阳

（五）科技时尚的节气文化表达

从设计传播文化的角度考察有关二十四节气文化传承与发展时，设计借助科技带来的互动体验能让产品释放出不同于过去体验的独特魅力，同时其让消费者突破单调的视触感，而是以全身心的感官在视听触味嗅上来综合体验。

节气文化可依靠科技力量完成现代语境下传承的转型，进而生成新的审美时尚表达，如 AR 技术、虚拟互动、智能装置等与产品结合后让人产生综合功用体验，并展现新时代下的时尚观念。现以一组二十四节气的插图为例，来感受当代语境及审美下的节气文化表达方式。其造型、色彩、肌理、构图、寓意等均体现了独特的创意思维，围绕插图的文本也是节气文创产品深度设计的重要内容。

表 5-3　二十四节气的插图及文本

节气	插图	文本	节气	插图	文本
立春		立春，日动江光，昭阳花黄。浅艳侔莺羽，雀罗欲栖。福袋藏福应南星，吹无限春风带全福；雅罗复斗帐，花间雀喜。金英翠萼带春寒，染满目春色存家圆。	雨水		雨水，雨水洗春，君子德风。刻玉玲珑，吹兰芬馥。宝鼎藏福生春芳，香氛春荣无尽美好；燕子双飞，和春入帘。折扇春风玉殿春，浅韵君子玉祥俊才。
惊蛰		惊蛰，惠风全解，殷花蝶舞。春色自蔷薇，满庭枝香。白头翁仙绕枝戏，寿绵长宜春无尽；日暖春芜媒，鹎啼寿祺。满枝翠染隔云香，中堂花香家团圆。	清明		清明，春去妍暖，杏花飞帘。春风聊与杏花邻，雨润花香。文成书在纸，朱颜芳景登龙首；青山趣霭尚书源，燕飞春暮。杏林春花醉，一日高明登科去。
春分		春分，春色中分，海棠依旧。宛转留春语，八哥九声。海棠八哥语相合，花前弄影百忍善治；花开春融暖，一树海棠。八哥回翔宝树枝，门扉春荣花喜健寿。	谷雨		谷雨，牡丹含露，雨生百谷。仙鹤驾风入蓬壶，云端春深正。春御牡丹，春风常驻满园春；牡丹初匀映月间，一年春最时。春暖蓬莱，仙居祥和吉庆意。

设计中节气文化的活态传承

节气	插图	文本	节气	插图	文本
立夏		立夏,金津含蕊,饯春迎首。春工著意巧,榴花殷红、娇莺双鸣蕴含着百子满堂的字解;夏雨初入弦,乱香深里,似金黄鹂潜藏了位居中正的雅礼。	小满		小满,绣球端庄,小得盈满。狮子滚绣球,雄壮兽王驱赶灾难、位得中正,蕴含祛邪消灾的宏愿;好事在后头,满地绣球接连不断、好事降临,带着鸿运连连的祝语。
芒种		芒种,芒种忙种,金玉满园。金花间银蕊,缠枝八宝、情香怡人,是富丽雍容,是卓然俊逸,花意甚雅;麟凤压方圆,花开满园、钱宝堆积,是麟德凤仪,是八宝吉瑞,延绵不绝。	夏至		夏至,红桃满树,寄言曦景。蟠桃易熟,饱满而甜美的果实挂满枝头,是结子荣的年丰;寿笔道劲,虬结而转向的桃枝寿字永秀,有荐寿长的祝愿。
小暑		小暑,炎蒸暑热,百合和合。龙凤呈祥,火红漆器的龙凤嬉戏,是甜美爱情最热烈的祝愿;百合合心,淡雅娟秀的素心百合,是纯洁爱情最执着的坚守	大暑		大暑,土润溽暑,白鹭青天。风气红莲落,随着时雨拍打飘落的莲花,是喜得连科的祝福;雨息白鹭飞,陪伴青天一路向上的白鹭,有一路顺遂的寓意。
立秋		立秋,暑风凉月,雨沐芙蓉。绣面芙蓉一笑开,黄鹂相语,锦绣佳人,是琴瑟和鸣,是佳人相应;花拆香枝黄鹂语,共赋芙蓉,娇转相鸣,是恩爱不疑,是恒心爱深。	处暑		处暑,暑止西风,骊珠骈落。金谷风露凉,秋香过圃,神龃衔珠,带着财丰子多的祝福;缠绕一枝高,芳鲜圆绽,珠财万多,意着生意兴隆的颂祺。
白露		白露,碧水惊秋,花惊夜阑。鸡冠鲜鲜云叶卷,泫露团团,秋日早放花,是官升鸿运的福意;雄鸡一唱天下白,红冠耸耸,煌煌随彩霞,有官上加官的鸣响。	秋分		秋分,阴阳相半,桂树婆娑。桂花蝠影乍长宵,姿影馥郁清无寐,飞临晋福,呈上多子增福的祈愿;月宫天香满世闻,月色都输此夜看,半分阴阳,开启仙宫满福的共享。

节气	插图	文本	节气	插图	文本
寒露		寒露，霜前月下，金粟初开。飒飒西风满院枝，蕊寒香冷，凌寒独自开，携带长者寿长的祝福；风入蒹葭秋色动，寒雀欢喜，穿花小园中，共诉举家欢乐的幸福。	霜降		霜降，露结为霜，见贮获福。西风促寒碧天静，霜寒花冷，多籽葫芦随秋风，是多子成福的福意；八子葫芦好花枝，雅色素黄，反正藏巧连蔓缀，有福禄绵长的祈愿。
立冬		立冬，冬气始交，丹柿催寒。翻跹如意间，柿正丹时。压弯如意般的枝干，是事事如意的祝愿；满枝甘饴里，绶鸟携寿。惊落焰火般的柿子，是高官长寿的福泽。	小雪		小雪，清寒小雪，香沁同心。兰之猗猗，扬扬其香。在同心架上，蔓延生长的寒兰，是君子兰交的志尚；雪霜贸贸，别有轻妙。有比翼双飞、眼转迷离的蝴蝶，是心心相印的情长。
大雪		大雪，玲珑藏雪，花耐久盟。盈盈白雪间，五彩云生鹤唳青。彩云白鹤伴山茶而舞，是鹤寿延年的祝福。花开烂漫时，经霜雪蕊渥丹顶。九葩一蕚与仙鹤并新，呈青春不老的祝祷。	冬至		冬至，雪冷江清，回龟献寿。岁时景物，含香体素。冰封寿山石间，晴雪飞滩，群仙摇曳祝福寿远福昌；寿国元龟，怡步寿石。半在丹青嘉瑞，白虹饮涧，凌波半涉寓意福寿双全。
小寒		小寒，风高寒深，金橘铺黄。转眼一年，寒橘红鲜。寒时香来是好景，橘迎千头，带着吉祥如意的大福。关心千里，篮满鲶兴。岁在年鲜福满岁，鲶随岁肥，呈上岁岁年年的美满。	大寒		大寒，寒至云边，梅雪相和。催发寒梅一信春，喜鹊随函到梅梢。寒梅雪斗新，春之使者寓春之祝福。春光已留幽香处，宝鼎镌刻珐琅彩。喜鹊报春光，鹊之吉祥带福运双喜。

二、二十四节气创意产品设计策略

（一）消费人群定位策略

在进行二十四节气文创产品设计时，设计者围绕资料库中选定的文化主题，应着重从受众群体职业及受众年龄来进行分析，并从各自喜好中选取最具代表性的文化倾向特征及其表现形式。如以儿童为消费目标所设计的产品为例，色彩选取多倾向于明亮的颜色，材料应兼具环保性与安全性，图案可基于儿童喜闻乐见的卡通形象，突出互动性与趣味性，并具备应有的传承教育功能；换作青年消费受众时，产品应凸显"新潮"意味，符合时尚审美趣味，融合新兴文化潮流趋向；而为老年人设计时，应契合中老年人对于健康的要求与心理需求，将健康、养生相关的元素融入其中。节气文化产品的定位人群具有以下消费特点：这类人群怀揣着对地域传统文化的热忱，能够很好地欣赏节气文化产品所独有的审美价值与艺术特色美。他们的兴趣和追求，与节气文化产品所传递出的文化气息不谋而合。

二十四节气作为民俗文化的一部分，设计师需从其中明确相应的文化主题来提供给消费者选择，甚至用其特点抓住消费者的"眼球"。如以儿童为定位主体的迪士尼乐园，其设计能够从儿童身心角度，在视觉、听觉、触觉等不同感觉领域向消费者传递迪士尼文化符号，并结合相应的文创产品，不断加深迪士尼文化的影响力与冲击力。迪士尼乐园以儿童为中心的消费人群设计定位，为我们进行节气文化的受众定位提供了很大启示。在节气文创产品设计过程中，设计者可汲取当地民众喜爱的节气文化素材，在人群定位上用节气文化产品引发老年群体的文化回味、启示中年群体的兴趣、激发青年儿童群体的乐趣，这在文化自信的背景下能推动节气文化以产品设计为媒介获得老中青各年龄层次的喜爱，并得到有效的"活态"传承。

（二）产品系列化开发策略

二十四节气整体致密性没有那么强烈，不同节气之间相互联系而又彼此独立，兼具整体性与独立性。为此在设计过程中，设计者可以将二十四节气产品系列化以形成整体感知印象。产品系列化开发策略有以下三种应用方式：第一，为不同功能的文化产品选择相同的视觉符号，如同一内容与形式的春分图分别应用于不同功用的便笺纸、丝巾、茶具、胸针上，可规范视觉的统一；第二，以文化内涵为设计核心，进行一系列的相关设计，如以节气的民间故事传说、节气起源等为主题，对产品进行系列化开发；第三，品牌系列化，包括食器周边、服饰周边、文具周边。上述应用将统一表述的视觉形象，依附到一系列的设计载体之上，使消费者对节气文化的主题内容一目了然，并建立了顾客的品牌印象。由于系列化的产品设计能够相互呼应，同时兼具经济价值产出与文化传承功效，因而在社会市场竞争激烈的情况下，设计师应避免单一的设计形式，通过以市场为导向的系列化设计丰富作品的语言与表现形式，尽可能地使受众各取所需。

故宫博物院出品的《千里江山图》系列文创产品（图5-1），将画面内容与桌面摆放产品相结合，形成系列文化产品开发。其并非简单的图形移植，而是对文物各信息进行综合的宏观把控，将厘清后的有效信息再融入产品的形、色、质、式等不同组成部分中的二次创作，这使得产品形态系列化更为精准、更加富于形式变化。针对二十四节气文化产品的创作，设计者需要对节气涉及的文化内涵提炼概括，建构出服务特定群体的独立符号体系，再向外成系列地扩展丰富，建立一个高识别度的个性化文化品牌。在具体的设计过程中，设计对象的差异、设计内容的多样，要求在产品的功能、形式、色彩、包装等不同方面统筹兼顾统一性和多样性，以此契合不同消费群体的差异需要，同时，这要求塑造出具有本民族审美追求及时尚品位的产品形象，令传统文化传播更为丰沛饱满。

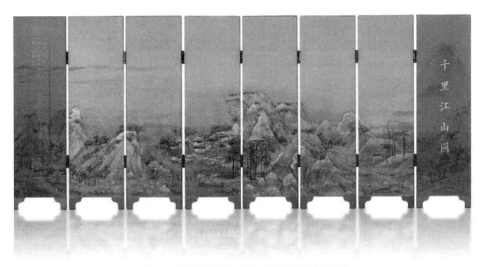

图5-1 《千里江山图》系列文化创意产品桌面摆件

（三）产品体验式设计策略

随着时代的不断发展，人民对于美好生活的向往与日俱增，体验式经济已然为一个令人瞩目的新的经济增长点。如今的体验早已超越了传统感知层面的束缚，逐步走向虚拟化、意识化等多元转变，其依附于实物、电子信息等不同载体，给予受众不一样的感官刺激，这促进了主观精神世界与客观物质世界的交流，使得人类行为活动与环境的交流日趋丰富而频繁。二十四节气非遗文化在科技推动下需借助各式媒介力量的传播效果，设计者在传统文化的再造设计中应把体验过程展现得淋漓尽致，让节气产品应用效果深入人心。

如以"惊蛰"相关的产品为例，由于天气渐暖，蛰居的动植物被春雷所惊醒，节气文创产品的色调逐渐由冷到暖，造型如采用闪电与昆虫时，借助科技力量可制造电闪雷鸣与昆虫鸣叫的视听效果，与人产生互动，让观者对节气产生多样的不同体验。

古人讲究春耕夏种秋收冬藏，并严格按照节气时令执行。而许多城市中长大的年轻人，难以体验到自然界中庄稼的生长过程。因此在做种子包装的文创时，设计师可用纸作花盒式包装，并采用二十四节气插画绘制于外表，并根据节气放入相应时节的种子。这让年轻人在体验成熟和收获的过程中充满期待和惊喜，使其享受种植的趣味性，并体验到农耕文明的美好。

（四）产品互动式设计策略

文创产品设计的互动性，注重在把握节气文化本源的基础之上，将用户纳入产品使用的运作之中，共同发挥产品多重功效。在体验过程中，互动可以提升用户对节气文化的感知理解。如设计节气灯具时可针对日照变化与灯光明暗的相似性，用人工光明暗模拟阳光的强弱，将自然现象与现实生活有机结合，在互动性使用过程中，实现人与自然的对话。而文创作品"妙手回春"手撕老黄历（图5-2），则秉持"用时间纪念时间"的设计理念。"手撕"是其最为核心的使用体验，每撕掉一页旧日历，都会给人一种"辞旧迎新"的畅快感。通过互动传递文化的经典文创产品还有日本一家纸品公司设计的一款建筑模型便笺纸（图5-3）。这种互动使得用户在撕扯的体验过程中，完成了自我创作，展现东京寺庙、巴黎铁塔、火车等形象。当文创作品的使用渐变成一种文化享受时，青年人对于节气文化的理解与体验逐渐加深，这种方式也成了节气文化良好承袭发展的有效途径。

图 5-2 "妙手回春"手撕老黄历

图 5-3 建筑模型便笺纸

（五）因地制宜设计策略

在文创设计的过程中，设计者要"因地制宜"地充分挖掘地方特色。我国幅员辽阔、民族众多、区域差异多样，各地的民俗和饮食习惯不同，只有充分考虑这种差异和区别，才能够有的放矢，设计出更为贴合用户体验、切中二十四节气文化核心的文创产品。此外，节气文创产品设计风格应依据地域差别，注重以人为本的设计理念。如将二十四节气文字与各地自然七十二物候变化相融，进行组合搭配，充分表现二十四节气的民俗文化和风土人情。

第二节　形意场视角下的节气文创产品创新评价

　　节气文创产品是节气文化与产品功用属性相交融的综合产物，其创新的优劣评价也可从产品使用本身及节气文化传播效果两个方面思考。

　　从文创产品使用的空间语境中评价产品创新成效时，设计者需尝试在产品的意义阐述及语意构建上找出各种关联，除了功能、象征、情感、表征、技艺等要素，还应将伦理、民俗等影响产品的因素放入整体考量中。这样的全局性理解，并结合消费者的体验评价就能够有效避免实践过程中的信息缺失。基于此设计者也能够针对产品的不同方面有整体性的把握，以获得实时而全面的资讯，为产品的进一步完善奠定基础。

　　三维实体形态是文创产品的主要呈现形式，在时间线索下人与物之间会相互发生感官与思维上的关联。由于人对于生活中很多事物的判断，更多强调其动态性，因而在产品使用的时间跨度上，往往由于综合作用的影响，上一秒的产品形态评价尚未定性，下一秒的综合感知又发生了偏移。可以说，只有在对产品的评价时兼顾宏观、中观、微观各个层面设计上的差异，才能获得对产品的整体性的动态评价效果。

　　从传统的二十四节气文化在现代社会中传播的角度来评价产品时，设计者应考虑产品的现实指导意味与启示作用。从原始生态文化上来看，二十四节气文化体现着自然万物的变化规律，反映了人类和自然的和谐理想生活状态。它映射出人对大自然的敬畏和崇尚和谐的人文精神，并能展现出当下文化自信与增强文化认同感的重要意义。

　　随着科学技术的发展，二十四节气文创产品的多样载体形式也是与时俱进的，传承与传播手段与技术也是文创产品创新评价的重要内容。涉及节气文化的诗词谚语及民俗民风等方面的内容，除了可以通过文字记录、文化展演以及绘画摄影、工艺产品等传统传播方式外，还可以用科普微视频、动画短片、二十四节气应用 App 等线上数字化手段，呈现出更多元、丰富的传承与传播形式，从而以新的体验与视觉感观角度挖掘出二十四节气文化的内涵价值。

当然，二十四节气的文化内容，不仅是农事安排的指导，亦是人们日常生活的指南。人们根据农事活动的节律来计划自身的日常行为，形成了纷繁多样的民俗活动，囊括了生活中的方方面面，如饮食、养生、娱乐、宗教等，以及由此产生的诗词谚语、舞蹈、故事等艺术创作。二十四节气文化产品也可渗入人们日常生活，影响人们的衣食住行，潜移默化着人们的思维方式，向外界传递出中国人特有的人生观、哲学观。

可以说，节气文创产品既是满足人们功用需求的消费品，同时亦是非物质文化消费的重要组成部分。节气文创产品的灵魂在于新时代下节气文化的创新性融合，体现出古今中外丰富而多元文化的交互碰撞。其评价应当多角度、深层次地展现产品创意设计如何借助形、色、质、式等探索节气文化元素在时代、美观、技艺、功用、经济、伦理、民俗、情趣等方面中的最佳呈现方式。对于文化产品在客观尺度与主观评价两方面所进行的深度性表达，形意场理论可做到"形神兼备"地有效评价，其评论注重产品空间语境下"场"的描述，分析形态产生的最佳方式，从而为设计方、企业、消费者提供评价的共享平台。以下将从"意动八场"的方向展开评价的思考与比较。（图5-4）

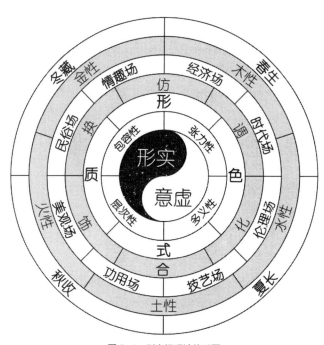

图5-4 形意场理论体系图

一、时代场的评价

文创产品的开发往往会反映相应时代发展的特点，体现了人们生活方式的时代差异性，随着时代的进步、科技的发展，传统的器物从形式与内容上都会发生相应改变。如古代达官贵人们冬天取暖所用的暖手炉（图5-5），它使用珐琅工艺，铜丝包边，内置炭火，端在手里取暖。而现代暖手宝（图5-6）的发热体采用过饱和溶液醋酸钠，外部的材料变成了柔软的布料，加热时间短，保暖时间长。二者的取暖功能相同，但因时代差异，在造型、工艺、技术、使用方式、审美趣味方面的设计取向截然不同。产品必然会表达相应时代的各类信息。具体而言，时代场有如下八个评价参考指标：特定时期中社会政治的倾向度、社会经济的繁荣度、审美观念的显示度、技术应用的表现度、社会风潮的流行度、人与事物的辨识度、社会关系的清晰度、艺术价值的传播度。节气文创产品设计中的时代气息强弱程度可由上述指标逐一评价比较出来。

图5-5　古代暖手炉

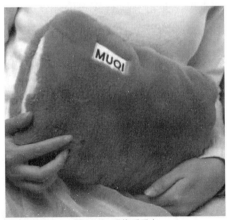

图5-6　现代暖手宝

二、美观场的评价

人们都有喜好美好事物的天性，在不影响物品自身功能的情况下，人们会通过改变物品内外形态对其进行美化，从而满足个体身心的精神需求，美观场的评价参考指标有：装饰美化的繁简度、技艺表现的精美度、刚柔并济的调和度、雅俗兼顾的美化度、造型比例的协调度、色彩配置的适宜度、感官体验的舒适度、意境呈现的体验度。如以节气"大雪"为主题的现代灯具设计（图5-7），其形态仿"雪花"造型，当光线强弱变化时，雪花形态也可随之旋转变化，由于雪花成为装饰灯具的最重要节气元素，雪花造型的复杂程度、分层制作的技艺水准、曲直组织的调和情况、大小比例的协调表现、光影色调的适宜与否、照明体验的舒适状态，以及雅俗共赏空间意境美的评判都可在"美观场"的互动比较中找到美的最佳平衡点。

图5-7 现代装饰灯

三、经济场的评价

作为批量化生产的文创产品必然受市场经济的制约，其加工制作的成本是每个生产方必须做出的预算内容，经济场的评价参考指标有：低成本材料的使用度、废弃物材料的循环度、低成本维护的难易度、加工制作的便利度、资源调度的可控度、材料结构的耐用度、生产附加值的高低度、资源配置的合理度。上述经济指标正是环保设计、绿色设计、低碳设计在落地实践上的细化方向。这避免奢侈、浪费无度的设计现象，让评价有了现实的经济成本作标杆而全面展开。

四、技艺场的评价

当今文创产品的创造设计越来越离不开科学技术对功能与技术相融合的助推力。古人以精巧的手工艺制作与表现不断生产出经典作品，如唐三彩、明式家具、景泰蓝等。随着工业革命后的机器大生产及智能时代的到来，产品制作的技艺水准及丰富程度也越来越高，完全是"巧夺天工"了。技艺场的评价参考指标有：加工制作的精准度、结构样式的稳定度、高技术介入的渗透度、人工智能的成熟度、灯光营造的完美度、制作表现的巧妙度。可以说，节气文创产品结合声光电，甚至虚拟技术等，能带给人无穷的、富有想象力的创作空间。

五、功用场的评价

功用是每一件能满足人们生产生活之需的物件的最初职责，而且许多产品由单一功用向多功用转化。如沙发就是由椅子的"坐"与床的"躺"两种功能融合的综合体。当今的智能手机就是一个多功能的集大成者，可打电话、看电影、听音乐、交友、画图、编文稿……其具有高效的功用灵活性。功用场的评价参考指标有：空间需求的适用度、操作活动的便捷度、完成活动的效用度、人机联动的合理度、功用可变的灵活度、活动进程的安全度、应用功效的美誉度、活动功用的持续度。

节气文创产品的核心要义是在上述实用性评价的基础上，将符合功用的最佳平衡内容等融入设计判断中，以激发创新思考，避免同质化设计。

六、情趣场的评价

人类社会由众多差异性个体组成，每个人的个性追求造就了产品需求的多样化。这让产品有了情感的温度，展现人性所特有的情绪、幽默，甚至有了生命力特征。沙发外形可变化为红嘴唇与纽约落日，单调的"坐"也转为趣味的"坐"。情趣场的参考指标有：个性符号运用的展示度、设计语言表达的幽默度、个性情绪体验的释放度、设计形式表现的活力度、雅俗趣味的高低度、对人与物情感的强烈度、体验活动的新颖度、形态表现语言的奇异度。节气文创产品的应用过程不是机械地完成功用，而应充满对古人智慧的敬仰，并激发出人们的兴趣与感悟,这样才能更好地将传统文化传承与发扬。

七、伦理场的评价

人们在共同的物质和精神活动过程中会形成各种不同程度的相互关系,即人与人之间的社会关系,其促成不同阶层的产生。为处理好这些关系,人们初步形成了广泛认同的行为规范和人与人之间相处的道德准则,产品设计的创新要兼顾不同阶层的使用状态,以及人与自然、社会之间的和谐关系,包括对生态伦理的思考。

伦理场评价参考指标有:人伦规范化的和睦度、人权平等观的显现度、对弱势群体的关怀度、善恶价值观的趋向度、环保意识化的强弱度、与自然共存的和谐度、法治与道德的彰显度、低碳化材料的使用度。节气文创产品可展现人与大自然的和谐关系,可彰显人与人之间和睦相处的活动方式。如以谷雨为设计构思主题的谷雨灯,用放大的谷粒为造型元素,以数颗小米粒作为转换灯光亮度与颜色的控制开关,这种设计既让人亲密接触自然,又感悟"粒粒皆辛苦"的不易。

八、民俗场的评价

在人类漫长历史的活动中,各个民族发展因环境不同而各具特色,同时各地域的民众所创造与传承的风俗与生活习惯也是丰富多彩的。民族特色文化产品往往因独特性为世人所关注,如京剧脸谱样式的花瓶、故宫样式的文具盒等。

民俗场的评价参考指标有:地域文化的呈现度、民族特色的显现度、传统技艺的展示度、传统风水的体现度、宗教信仰的彰显度、传统习俗的保留度。节气文创产品设计正是将被誉为"中国第五大发明"的二十四节气作为文化创新的源头,挖掘出极具本民族特点的形象元素、思维方式、审美习惯等,从而展现独具特色的古人智慧。

第三节　二十四节气主题创新产品解析

　　二十四节气文化创意产品既要传承传统文化精髓，又要兼顾视觉及体验上的吸引力，还不能忽视新时代下多元知识信息的植入，这才能以"创意"的新形式获得大众喜爱。现以形意场理论的设计思维方式，通过列表来解析相关案例的设计思路过程，为节气产品创新设计提供参考。如为日用香包注入节气文化，设计构思分析如下：

　　古代香囊有驱毒避邪的作用，其外表通常是老虎和公鸡两种动物造型。现代的香囊造型更加丰富，可采用现代材料及抽象造型，并可结合其他功用来产

形	色	质	式
将古代龙的身型简化为长方形作为香囊的形状	以金色为主，颜色看起来更加明亮	采用金属的材质，质地坚硬，耐磨耐用，不易损坏	鱼鳞转化为菱形渐变图案，在香包上做出镂空效果

功用	技艺	美观	情趣	伦理	经济	民俗	时代
选择古代龙的身型为蛇形，简化为长方形作为香囊的形状	采用影印机对图案进行切割，再在表层镀玫瑰金涂料	样式可用在多种场合，更为大众所接受，适应多种风格	香囊下摆的流苏意指船桨，流苏更能表达轻柔的感觉	香囊内的香料可以重复填充，不会因香味流失而弃掉香囊	铜片比传统布料更加昂贵，但使用期限更长	龙、鱼鳞、船桨等都为端午节的文化特征	采用现代材料，突破传统造型，更加现代化

换	仿	化	调	饰	合
材料换成更加坚硬的铜片，形状更加简化，融合多种元素	模仿龙的原型，进行简化与端午节特征提取				

图 5-8　端午香囊分析

生新的样式，从而被广泛应用。以夏至前后的端午节作为节气文创产品的创意内容方向，其常用节气元素中可选择龙舟与驱邪的植物菖蒲展开分析，具体设计流程如下。（图 5-8，图 5-9）

以龙和菖蒲为主题的设计构思均以造型、色彩、材质、样式四类客观可量化处理的内容为着手点，造型考虑方位朝向关系、尺度长短关系、结构繁简关系、比例大小关系、组合难易关系、数量多少关系、面积宽窄关系、远近前后关系、势态动静关系；色彩考虑对比强弱关系、鲜浊响亮关系、明暗关系、冷暖关系；质地考虑粗糙度、光滑度、软硬度、透明度、疏密度、动静度；式样考虑约定俗成的符号与图形，有抽象、具象、意象及综合的不同形式表现。上述四类内容表现借助"形变"六法可产生多样的视觉变化，其再结合八个场的评价指标逆向思考，寻找节气产品创新的设计着重点，就能有目的地再进行"形色质式"的"变形"完善。端午香囊与菖蒲香囊是在传统香囊基础上的创新，二者均可选定为胸挂饰设计成品类方向，把材料换成耐用结实的布料与铜片，环保无公害，且符合时尚潮流特点。

形	色	质	式
菖蒲又名水剑	与剑相近的颜色是白色，干净洁白	以金属、布料为主	萃取菖蒲形状，修正为弧形，用复制的手法形成多个毛片

功用	技艺	美观	情趣	伦理	经济	民俗	时代
给人内心安定的感觉，且气味有提神、杀菌功效	将图案缩放，粘在蜡块上进行切割及塑型	增加白色与蓝色，看上去更加清爽	香囊袋用多种布料缝制，视觉上也给人放松的感觉	既保留了菖蒲的气味，又可重复利用，不破坏一草一木	造价上比传统菖蒲香囊要高，工艺也较为复杂	传说以菖蒲为剑，插在门上可以辟邪	布料比菖蒲留香更持久，且保存时间更长，不易损坏

换	仿	化	调	饰	合
材料换成更加坚硬的铜片，形状更加简化	模仿菖蒲的形状——水剑				

图 5-9 菖蒲香囊分析

再以"大暑"灯具为例，其设计思路流程如下（图5-10）。唐代《晋书》记载有"囊萤夜读"的典故。大暑处于炎热的夏季，正是萤火虫旺盛的季节，晋朝人车胤家境贫寒，就用白绢做成透光的袋子，装几十只萤火虫照亮书本，方便学习。"大暑"灯具就是采用仿萤火虫来设计制作的，灯罩的外部做出褶皱的萤火虫尾部模样，可发出温柔的灯光，此灯具与古人传统典故中的生活情景相融合，并加入二十四节气文化元素，具有中国古典韵味与传统的精神价值。

从上述案例可以看出传统文化与现代设计互为表里，一方面，二十四节气传统文化为现代产品设计提供灵感源泉；另一方面，现代产品设计的多样形式也为传统节气文化的承继提供新的载体。借助形意场理论的设计思维框架，将二十四节气中的内容提炼、抽象、整合，并进一步灌注到日常生活衣食住行的方方面面，成为该文化传承的绝佳手段。

未来节气文创产品将镌刻着深深的时代烙印，与现代化的技术与传播方式有机结合，在兼具经济价值与社会价值中向外界传递一种全新的思维理念，从而在传统文化中产生积极的社会影响力。

形	色	质	式
萤火虫尾部	接近萤火虫自身发光的颜色，更加贴近大自然	木材、纺布为主	仿萤火虫尾部的肌理，增添装饰趣味

功用	技艺	美观	情趣	伦理	经济	民俗	时代
照明护眼作用	用薄的模板与纺布最大化模仿萤火虫的亮度与色温	模仿萤火虫尾部，为空间打造美观感	灯光明亮而不刺眼，氛围感强烈	灯的外观又似萤火虫，反映了与自然和谐相处的理念	灯具造价低廉，具有创意和趣味性。	源于"囊萤夜读"的典故	采用低瓦数灯泡，更加节能持久

换	仿	化	调	饰	合
换作现代的防腐木与纺布做灯具的主材料，更加耐用。	功能上模仿萤火虫发光，形状上模仿萤火虫尾部				

图5-10 "大暑"灯具分析

立春

◆鞭春牛

鞭牛迎立春，是民间广为流传的一种习俗，现采用 3D 打印的技术制作牛灯，外表有深浅不一的红色痕纹，使"鞭打"更逼真，用手向下拍打牛身时，内部灯泡会亮起，增加趣味性和互动性，体验感更强烈。

◆摸春鸡

该抱枕设计用闪光片作鸡的羽毛，用手摸时，闪光片另外一面则展示出"春"字图案，象征立春中摸春鸡的这一习俗。

◆鸡鸣案

抽屉侧面印有蝎子图纹，当抽屉慢慢合上时，就像蝎子被雄鸡吃进了肚子里，两侧的羽毛也由张开转换到平合。

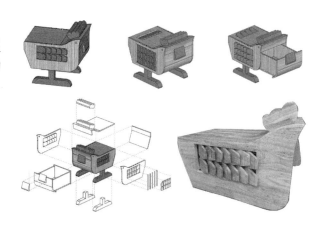

◆迎春屏

春天来了，绿叶萌生，屏风图案象征生机勃勃的植物，万物成长，是播种五谷的好时节。

雨水

◆涟漪椅

椅子的支架使用的是空心管，椅背可以自由地拔出或插入，与椅面的涟漪相结合，模仿插秧时椅面泛起的涟漪。椅面部分加入镂空的花瓣造型，使整个椅子更加灵动。

惊蛰

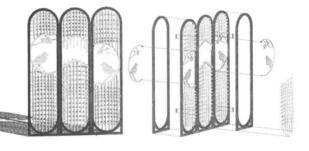

◆三候屏

　　惊蛰有三候，一候"桃始华"，二候"仓庚鸣"，三候"鹰化为鸠"。屏风有三面，每面的图案分别对应惊蛰三候，依次叠放。

◆恋叶凳

　　惊蛰起，万物复苏，凳座的木盘表现出蘑菇由地下至地表生长的过程。半圆形管做凳支撑，需与地面固定。两个凳座表达成双成对、相生相恋的寓意。

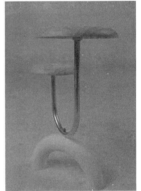

◆虎头盒

　　取自惊蛰祭白虎习俗。使用过程中抽拉卷纸，镂空的眼睛也会逐渐变空，意味着霉运的消失。

设计中节气文化的活态传承

春分

◆燕风屏

　　春分时节，春风袭来，燕子归来。此屏风仿照燕子尾的形象，外轮廓采用不锈钢材质，再用麻绳与棉绳编织帘子，再搭配风车作为点缀。

清明

◆薰雨伞

　　通过玻璃材料做成一个个大小各异的雨滴，用鱼线将其串起来悬挂在伞面上，烘托谷雨时期雨纷纷的场景，别有一番风味。

◆雨纷飞

　　屏风采用实木材料，制作出雨滴的样子整齐悬挂在屏风上，相互交错，彼此纷飞，形成雨滴在空中飞舞的样子。

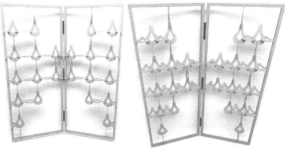

◆驱毒鸡枕

　　该抱枕取自"神鸡捉蝎"的典故，鸡翅膀绘制为蝎图案，可单独拆卸，表达驱毒辟邪的含义。

◆缘雨桌

　　水波纹木盘采用原木雕刻，桌面与桌腿部分采用黑色喷漆的铁艺，如大雨之际，水滴不断。

谷雨

◆布谷鼓凳

中间圆形洞口可供击打，发出布谷鸟的声音，寓意驱赶霉运。凳面纹样设计成冰裂纹花窗，可以看到窗中的桃花、布谷鸟。

立夏

◆塘荷叶展

立夏后，青蛙鸣叫，荷叶互相挨挤，绿叶连片，再在桌腿上点缀青蛙，象征夏日的来临。

◆雨蚕影灯

　　野蚕食青桑，吐丝亦成茧。灯具闭合时是蚕蛹的形态，拉开后是蚕的形态，拉开灯的动作也是模仿采摘桑叶的动作。

◆穗种灯:

　　模仿麦穗的外形，该节气物候的花纹印在灯泡外壁，开灯时可投出花纹的影子，极富趣味感。

设计中节气文化的活态传承

夏至

◆祈谷灯

　　光从灯具中印有祭祀图的内部发散出来，表达人们收完谷物暖意融融的景象，谷壳部分是实木，投入一枚硬币，像是把一年丰收的谷粒放入仓里，灯便亮了起来。

◆虫儿热枕

　　夏日蝉鸣此起彼伏，抱枕采用了蝉的造型，壁挂则将雷电、瓢虫、蝴蝶等物体平面化之后用戳戳绣的技法来制作。

◆立荷桌

　　提取荷花瓣形状并做变形和简化处理，用重叠旋转手法形成的四瓣荷花制成桌面，再覆上玻璃作为桌面。

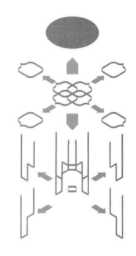

◆骄莲屏

　　大暑节气是荷花盛开的时节，屏风中的"荷花瓣"可以转动，阳光透过缝隙洒进来极像荷花在骄阳下盛开的场景。

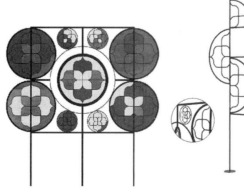

设计中节气文化的活态传承

立秋

◆南瓜椅
　　根据立秋时节"摸秋、摸瓜"的习俗，用南瓜造型及简洁的结构展现秋高气爽的氛围。

白露

◆白露飞枕
　　以刺绣的鹭鸶纹样旋转、组合，外形结合人体使用习惯，配以民俗风的配色，表达出秋天鸟南飞的自然活动。

◆鸿雁凳

　　从大雁翅膀中获得灵感。凳子主体部分由黑色喷漆的铁艺与原木组成，使用者坐上去，凳子会因重力下陷，两边的翅膀，便会因为中间的拉力弹起，模拟大雁展翅的状态。

◆丰登屏

　　屏风中间麦穗层层叠加，寓意着丰收，镂空部分增强视觉灵动效果。

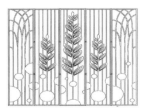

◆ 瓜瓞绵绵

　　选取丰收的黄色与自然的绿色，通过重叠、连接、扩张展现瓜果的有机形态。

◆ 粘雀杯

　　茶杯的灵感来源于"粘雀嘴"的习俗，防鸟儿偷吃庄稼，杯嘴的形状正是模仿鸟张嘴求食这一动作，极具趣味。

◆雁宾屏

　　屏风形态模拟晚秋的芦苇，皮革质地的大雁元素可以随意挪动，创造更多可能性和互动性。

◆残荷孤影

　　通过整张铁板的切、折处理，形成几何简化的桌案，桌面镂空出残荷纹，光影照射下，显露寒影之光。

设计中节气文化的活态传承

霜 降

◆霜晶灯

外形模仿雪花的结晶状态，结构上参考鲁班锁的拼接方式，材料选用通透的亚克力，整体营造一种冰凉神秘的氛围感受。

小 雪

◆隐雪灯

雪花样式丰富，将渐变形的雪花形状用纸裁出，经过层层堆叠，随光动而产生雪光与形的变化。

大雪

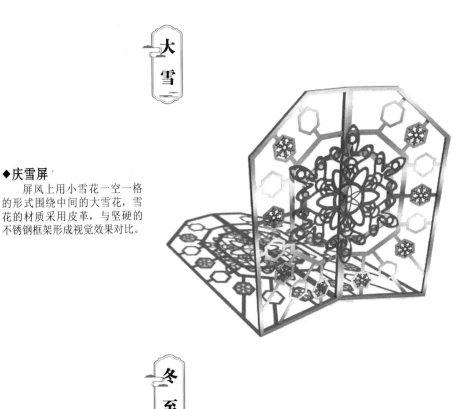

◆庆雪屏

　　屏风上用小雪花一空一格的形式围绕中间的大雪花，雪花的材质采用皮革，与坚硬的不锈钢框架形成视觉效果对比。

冬至

◆涵雪瓶

　　瓶子的材料为陶瓷，外形来源于饺子的形态，暗指冬至的饺子，再在瓶身上雕刻镂空的雪花，两者相互兼容，缺一不可，故取名为"涵雪瓶"。

设计中节气文化的活态传承

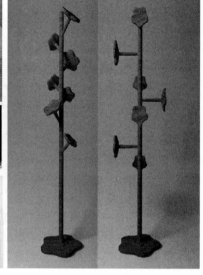

小寒

◆腊梅架

　　小寒是梅花盛开的时节，实木衣架挂钩用梅花表达，底座也采用梅花的形状加强稳定性，置于室内可四季看梅。

大寒

◆雪花案

　　案几上的缝隙可以卡住垂落的雪花，并且可以自由移动，既有了落雪的感觉，又增添了趣味性，雪花状的座椅与装饰直接点明了节气主题。

图片索引

图 2-4 ~ 图 2-5 来源于：全国农业展览馆（中国农业博物馆）

图 2-6 来源于：新华网（WWW.NEWS.CN）

图 2-7 来源于：51 礼品网（51LIP.COM）

图 2-8 来源于：张甜甜."二十四节气"主题文化丝巾设计研究 [D].湖南理工学院，2020.

图 2-9 来源于：淘宝网－淘！我喜欢（taobao.com）

图 2-10 ~ 图 2-11 来源于：杨雅茹.基于"节气"文化的茶产品包装设计及其虚拟展示研究[D].西安理工大学，2017.

图 2-12 来源于："清华大学中意设计创新基地"微信公众平台

图 2-13、图 2-16、图 2-18 来源于："汉未央"微信公众平台

图 2-14 来源于："文创联"微信公众平台

图 2-15、图 2-17 来源于："杠 4 筒"微信公众平台

图 2-19 ~ 图 2-20 来源于："慧子手工"微信公众平台

图 2-21 来源于："綦江旅游度假区"微信公众平台

图 2-22 来源于："北京文博衍生品创新孵化中心"微信公众平台

图 3-3 ~ 图 3-6 来源于：南京创意设计中心服务平台

图 3-8 来源于：http：//www.baidu.com

图 3-9 来源于：站酷网

图 3-10 来源于：http：//www.baidu.com

图 3-11、图 3-25、图 3-27 来源于：湖南师范大学美术学院第九届陈设艺术展

图 3-12 来源于：http：//www.baidu.com

图 3-13 来源于：南京创意设计中心服务平台

图 3-16 ~ 3-17 来源于：南京创意设计中心服务平台

图 3-18 ~ 3-19 来源于：湖南师范大学美术学院第九届陈设艺术展

图 3-21 来源于：谷德设计网

图 3-22 来源于：http：//www.baidu.com

图 3-24 来源于：http：//www.baidu.com

图 3-26 来源于：慧子手工微信公众平台

图 4-1 来源于：https：//www.yulucn.com/

图 5-1 来源于：故宫博物院微信公众号

图 5-2 来源于：好东西设计团队

图 5-3 来源于：汪伦礼社微信公众号

图 5-4 ~ 图 5-6 来源于：https：//www.yulucn.com/

参考文献

◎中文参考书目

[1] 邱丙军 . 中国人的二十四节气 [M]. 北京：化学工业出版社，2018.1

[2]（美）凯文·莱恩·凯乐 . 卢泰宏、吴水龙译 . 战略品牌管理 [M]. 北京：中国人民大学出版社，2009

[3] 胡飞 . 中国传统设计思维方式探索 [M]. 北京：中国建筑工业出版社，2007.

[4] 林斯特龙，赵萌萌 . 感官品牌 [M]. 天津：天津教育出版社，2011.

[5] 杨坚点校 . 吕氏春秋 . 淮南子 [M]. 岳麓书社，2006.

[6] 顾迁注 . 尚书 [M]. 中州古籍出版社，2010.

◎报刊文献

[1] 覃京燕 . 审美意识对人工智能与创新设计的影响研究 [J]. 包装工程，2019，40（04）：59-71.

[2] 任新宇，范平平 . 论博物馆文创产品设计的影响要素与设计原则 [J]. 汉字文化，2020（19）：159-160.

[3] 刘青 . 文化传承导向下的文创产品设计原则研究 [J]. 艺术品鉴，2020（03）：89-90.

[4] 范伟 . 空间语境下的家具形态创新研究 [D]. 中南林业科技大学，2015.

[5] 吴志军，李亮之，徐人平 . 产品形态符号系统及其创新设计研究 [J]. 包装工程，2010，31（14）：39-42.

[6] 李亮之，郑铭磊，赵娟 . 设计符号与产品的趣味性 [J]. 包装工程，2007（06）：159-161.

[7] 范伟，彭曲云 . 空间语境中的形与意 [J]. 家具与室内装饰，2011（11）：48-49.

[8] 范伟，彭曲云 . 家具形态设计的"动态"表达 [J]. 装饰，2013（01）：110-111.

[9] 曹僖 . 文化生态视阈中非遗传承保护的实践逻辑、困境与路径研究 [D]. 西南大学，2020.

[10] 陈笛 . 非物质文化遗产"二十四节气"的当代启示——以立冬、小雪、大雪、冬至的民俗内涵为例 [J]. 中国民族博览，2019（12）：15-16.

[11] 吴彬瑛 . 二十四节气民俗文化特征研究 [J]. 文化创新比较研究，2019，3（29）：36-37.

[12] 方柔嘉 . 浙江台州葭沚"送大暑船"民俗发展中的传承与变迁 [D]. 浙江大学，2019.

[13] 曹斐昊 . 乡村民俗活动集体记忆重构研究 [D]. 浙江师范大学，2019.

[14] 孔乙仿 . 生态民俗视域下的三门祭冬研究 [D]. 浙江农林大学，2019.

[15] 余玮 . 文化再生产场域下的民俗传承动力 [D]. 浙江师范大学，2019.

[16] 曾麟惠 . 湘西苗族赶秋节研究 [D]. 南京师范大学，2019.

[17] 谢睿 . 广西天等壮族霜降节民俗文化研究 [D]. 广西师范学院，2018.

设计中节气文化的活态传承

[18] 李先坤. 石阡说春研究 [D]. 贵州师范大学, 2017.

[19] 洪俆. 人类非遗代表作"二十四节气"之一九华立春祭 [J]. 文化交流, 2017（04）：68-71.

[20] 周红. 二十四节气民俗文化特征 [J]. 沈阳师范大学学报（社会科学版）, 2015, 39（03）：145-147.

[21] 乔晓光. "立夏祭冰神"与民间剪纸的祭祀功能 [N]. 中国民族报, 2014-08-19.

[22] 刘康宁. 班春·劝农——浙江遂昌民间特色风俗考 [J]. 今日科苑, 2011（08）：41-42.

[23] 乔晓光. 活态文化·冰雹与祭祀——后张范"立夏祭冰神"个案的村社文化调查 [J]. 民间文化论坛, 2010（01）：95-106.

[24] 范伟, 焦国松. "仿"以开物, 通变以"新" [J]. 美术大观, 2021（01）：92-93.

[25] 徐媛, 陈婧. 文旅融合背景下的文创产品开发设计研究 [J]. 智库时代, 2020（05）：9-10.

[26] 杨睿, 姜在新. "二十四节气"文化图形化设计研究 [J]. 风景名胜, 2018（11）.

[27] 罗艇雅. "二十四节气"的视觉设计应用研究 [D]. 贵州大学.

[28] 王宁鑫. 二十四节气文化的视觉符号化研究——以立春节气为例 [D].2019.

[29] 李学慧. 二十四节气民俗文化传承的创意设计研究 [D]. 太原理工大学, 2018.

[30] 李雪杰. "二十四节气"插画创作及其文创产品设计 [D]. 安徽工程大学, 2017.

[31] 黄冠綸, 翁英惠. 二十四节气应用于文化创意产品开发设计研究 - 以芒种节气之端午香囊为例 [A]. 实践大学设计学院, 2008：17.

[32] 李雪杰. "二十四节气"插画创作及其文创产品设计 [D]. 安徽工程大学, 2017.

[33] 范伟, 彭曲云. 节气文化下的传统室内陈设造物艺术思考 [J]. 家具与室内装饰, 2018（03）：116-118.

[34] 李学峰. 二十四节气的影像阐释与呈现 [N]. 中国摄影报, 2020-12-25.

[35] 向世前. 浅谈二十四节气的意象在插画设计中的表现 [J]. 中国包装, 2019, 39（05）：49-51.

结语

作为中国"第五大发明"的二十四节气,虽然已经入选世界非物质文化遗产名目,但其活态传承的目标依旧任重道远。本书尝试以文化创意产品设计为媒介来承传与发扬二十四节气文化,这可为中国文化产业的多样化提供新的思路;也让人们在丰富的生活中能更多地体会到古人的智慧,从而可持续性地与大自然和谐相处。书中各章节虽然铺开了节气研究的论述面,但受制于篇幅与时间精力,在一些细节点上还有可继续完善的空间,在此抛砖引玉,还请不吝赐教。

本书是教育部人文社会科学《二十四节气在文创产品设计中的"活态传承"研究》(20YJA760012)项目的结题成果之一。其完成离不开课题组成员的实践调研与文献收集。其中有:丁聪、蒋良平(第一章)、焦国松(第二章与第三章)、杨双燕(第四章)、赵彤彤(第五章)。该书尽可能地从理论到实践来阐释二十四节气文创产品的开发原则与方法,并用上、中、下三篇的章节组织结构方式,形成整体设计思维流程对节气产品市场与消费习惯进行考察。论述侧着用描述方式将产品设计创新的理念及评价娓娓道来,从而弱化文献综述等概念罗列方式,图文结合形式也易于普通大众阅读与传播,使得"传承"有效而适用,其也可作为非遗文化保护部门,艺术设计及文化工作者的参考用书。